Heinz Gebhadt

Als die Oper
mit Bier gelöscht wurde

Heinz Gebhardt

Als die Oper
mit Bier gelöscht wurde

Münchner Bilder und Geschichten
von 1158 bis heute

stiebner

Motiv der Umschlagvorderseite:
» Vorstellung der Feuersbrunst des königlichen neuen Hoftheaters
in München am 14ten Jänner 1823 Abends 1/2 8 Uhr «
Zeitgenössische colorierte Lithographie
(Siehe auch den Beitrag »Großbrand im Nationaltheater
mit Hofbräu-Bier gelöscht« auf Seite 34)

Bildquellen:
Bayerische Staatsgemäldesammlungen; Bayerische Verwaltung der
staatlichen Schlösser, Gärten und Seen; Bayerisches Hauptstaatsarchiv;
Deutsches Museum; Diözesanmuseum Freising; Herzog August-Bibliothek;
Monacensia Stadtbibliothek; Münchner Stadtmuseum; Stadtarchiv München;
Stadtbauamt München; Städtische Galerie im Lenbachhaus; Valentin Musäum
München; Wittelsbacher Ausgleichsfonds und Bildarchiv des Autors.

Herstellung und Layout:
Verlagsservice Peter Schneider /
EDV-Fotosatz Huber, Germering

Bibliografische Information Der Deutschen Nationalbibliothek
Die Deutsche Nationalbibliothek verzeichnet diese Publikation in der
Deutschen Nationalbibliografie; detaillierte bibliografische Daten
sind im Internet über http://dnb.ddb.de abrufbar.

Inhaltsverzeichnis

»Ein Dorf, in dem Paläste stehen«
München, die nördlichste Stadt Italiens

Münchens Erfindergeist:
Vom Suppenwürfel zur Fotografie

München leuchtete

Deutschlands heimliche Hauptstadt

Die wilden 60er Jahre

Wir sind Papst

Einleitung

Die Münchner Madln
sind die Schönsten!

Wenn etwas in München seit seiner Gründung unverändert Bestand hat, dann ist es die legendäre Schönheit der Münchner Madln! Dass die Amerikaner in den 50er Jahren das »Deutsche Fräuleinwunder« in München entdeckten, ist ja kein Zufall. Lange bevor Ludwig I. seine Galerie mit schönen Münchnerinnen anlegte, schwärmte bereits 1782 Lorenz von Westenrieder in seinem Buch »Über den Charakter der Eingeborenen« von den Münchner Madln als den schönsten im Lande: »Das Frauenzimmer wird unter das schönste in Deutschland gezählt.« Und Westenrieder war wahrlich kein Frauenheld wie Ludwig I., sondern Jesuitenpater! Vor 260 Jahren in München geboren, war er Professor für Rhetorik und Poetik, Sekretär der Akademie der Wissenschaften und schrieb neben historischen Werken auch Romane und Theaterstücke. Er gilt als einer der bedeutendsten bayerischen Schriftsteller des 18. Jahrhunderts. Auf dem Promenadeplatz steht sein Denkmal und in der Ruhmeshalle seine Büste. Ihm verdanken wir die älteste und genaueste Beschreibung des Münchner Lebens, vor

Schöne Münchnerin im »Mathäser«, 1888

allem aber der Münchnerinnen und Münchner: »Der wahre einge-
borne Münchner ist sehr leicht von einem andern wegzukennen. Er
ist höflich und schämt sich, jemand eine Schmeicheley zu sagen, welche der andere nicht verdient oder woran sein Herz nicht denkt. Er
spricht über seine Angelegenheit ohne allen Umweg, und setzt durch
seine Kühnheit den Fremden in Erstaunen. Denn der Eingeborene
heuchelt nicht und wo ihm etwas mißfällt und Unrecht deucht, sagt
ers geradezu und beurtheilt öffentlich den Vornehmen wie den Nie-
dern. Die Musik gehört zu den Lieblingsfreuden der Einwohner.
Überhaupt sind sie sehr empfindsam und weinen herzliche Thränen
bei einer tragischen Vorstellung.« Und über die sprichwörtliche
Bescheidenheit der Münchner: »Es haben hier ununterbrochen
berühmte Künstler und Gelehrte gelebt, und sie bemühten sich nicht
im geringsten, wie sie bekannt werden möchten, und sind es bey dem
Auslande immer mehr als zuhause gewesen.« Und noch etwas ist
unverändert, wie wir dank den Beobachtungen Westenrieders jetzt
wissen, nämlich der Immobilienstandort München: »Es ist hier gut
seyn, und wer nur eine kleine Zeit zugegen ist, will hier seine Wohnung bauen.«

Die ersten Münchner

Die Geburtsurkunde unserer Stadt

Im Juni 1158 trafen sich in Augsburg drei Verwandte: Kaiser Friedrich I. Barbarossa, Bischof Otto von Freising und Herzog Heinrich der Löwe. Geregelt werden sollte »der Streit, der über den Markt zu Föhring und München hin- und hergeht«, wie es im Dokument vom 14. Juni 1158 heißt. Oder: Wer verdient am wichtigsten Ost-West-Handelsweg am meisten, der Bischof von Freising oder der Herzog in München.

Es wurde beschlossen, dass das Markt- und Münzrecht in München verbleibt. Der Bischof erhält ein Drittel des Münchner Marktzolls und der Münzeinkünfte. Umgekehrt bekommt München ein Drittel der Freisinger Münzeinkünfte. Von einer Vernichtung der Föhringer Brücke ist in der »Geburtsurkunde Münchens« keine Rede.

Erst in einer zweiten Urkunde, von 1180, wird eine Zerstörung der Brücke erwähnt, ohne dass ersichtlich ist, wann sie stattgefunden hat: Vor 1158 – um diese Regelung zu erzwingen – oder nach 1158, weil die Abmachungen nicht eingehalten wurden?

Die Lage hatte sich 1180 total verändert: In Freising war ein neuer Bischof im Amt und Heinrich der Löwe bei Barbarossa in Ungnade gefallen und nach England ins Exil geflüchtet. Kaiser

Barbarossa widerrief seinen Schiedspruch von 1158 – doch das Rad der Geschichte, die vollendeten Tatsachen von 1158 konnte er nicht mehr zurückdrehen: München war schon zu stark geworden, um in die Unbedeutendheit eines Dorfes zurückzufallen.

Der »Augsburger Schied« vom 14. Juni 1158, die Geburtsurkunde Münchens. Das Original liegt im Bayerischen Hauptstaatsarchiv

Hervorgehobene Innenstadtbereiche kennzeichnen die »Keimzellen« Münchens. Altheimer Eck (links), Petersbergl (mitte), Alter Hof (rechts)

Wo lebten die ersten Münchner? 1158

»Die Erforschung der ältesten Münchner Stadtgeschichte ist längst zu einer wortklauberischen Ansichts- und Glaubenssache geworden«, schrieb schon vor 20 Jahren völlig entnervt Hans F. Nöhbauer in seiner Geschichte der Stadt und ihrer Bürger. Nicht anders heute: Die einzig erwiesene und neue Tatsache in den letzten 50 Jahren, nach der vieles umgeschrieben werden musste, ist die Erkenntnis nach dem Ausschlussverfahren, dass weder die Mönche vom Kloster Tegernsee noch die vom Kloster Schäftlarn die ersten waren, die heutigen Münchner Grund besiedelten.

Bei dem in der »Geburtsurkunde« von 1158 benützten Namen »Munichen« handelt es sich nicht mehr um eine Siedlung »bei den

Mönchen«, sondern »bereits um eine zum Ortsnamen geronnene Bezeichnung«, wie es in der von Stadtarchivdirektor Richard Bauer herausgegebenen Geschichte Münchens heißt. Es kann also durchaus schon eine Besiedelung gegeben haben, bei der sich erst später Mönche niederließen, für diese Siedlung dann aber die Bezeichnung »apud monachos«, »bei den Mönchen«, geläufig wurde.

Da also nicht feststeht, ob es Mönche waren oder rein weltliche Personen, ist auch nicht bewiesen, ob das Petersbergl mit dem Alten Peter die älteste Besiedelung Münchens ist. Die Kirche selbst reicht sicher ins 11. Jahrhundert zurück, der wesentlich ältere sogenannte »Alte Raum« unter dem Kirchenschiff gibt aber viele Rätsel auf: Umstritten ist vor allem, ob es sich überhaupt um einen sakralen Raum handelt oder um einen weltlichen, auf den dann später die Kirche gebaut wurde.

Große Rätsel gibt auch das heutige »Altheimer Eck« auf. In den ältesten München-Dokumenten als eigener Steuerbezirk geführt, kommen »Altheim« – am ältesten Nord-Süd-Verkehrsweg gelegen, der zeitlich vor der Ost-West-Salzstraße vermutet wird – aber auch der heutige »Alte Hof«, ein »prä-urbaner Herrenhof«, immer noch als früheste Besiedelungen Münchens in Betracht. Nix g'wiss weiß man in seriösen Historikerkreisen also immer noch nicht und es darf weiter geforscht werden!

1550 Isargold im Weinstadl

Münchens ältestes Bürgerhaus ist 458 Jahre alt und steht in der Burgstraße 5. Der Magistrat der Stadt hatte 1550 das Grundstück erworben und darauf einen Neubau errichtet, der als Weinstadl dienen sollte. Das wichtigste an einem Weinstadl ist natürlich der Keller, in dem auch im Sommer die Fässer kühl gelagert werden können, und wer heute in das Gewölbe hinabsteigt, sieht auf den ersten Blick, dass ein so massiv gebautes Haus nix erschüttern kann. Die darüberliegenden Stockwerke bezog die Stadtschreiberei und die Verwaltung der Isargoldwäscherei. Auch wenn es sich anhört wie ein Märchen: Die Isar führte genauso wie der Inn reines Gold mit sich, natürlich in allerwinzigsten Mengen. Schon 1477 hatte Herzog

Der Weinstadl, Münchens ältestes Bürgerhaus

Ludwig der Reiche von Landshut bis Plattling eigene Goldwäscher unter Vertrag und auch die Kurfürsten Maximilian I. und Maximilian III. hatten die Münchner ermuntert, in der Isar Gold zu waschen. Die Ausbeute war sehr gering, aber es wurden tatsächlich einige Golddukaten aus dem Isargold geprägt.

Nachdem die Stadtschreiberei 1612 ausgezogen war, wurde Johann

»EX AURO ISARAE« – Gold-Dukaten 1762 aus Isargold geprägt unter Kurfürst Max III. Joseph

Ritter von Linprun (1714–1787) neuer Besitzer der Burgstraße 5. Er war Münz- und Bergrat und einer der bekanntesten Mineralogen und Physiker seiner Zeit. Eine historische Zusammenkunft gab es bei ihm im Weinstadl 1758, als »bei strengstem gewissenhaftem Stillschweigen« mehrere Wissenschaftler Kurfürst Max III. Joseph einen »gelehrten Zirkel« vorschlugen, der »alle Theile der Weltweisheit von unnützen Schulsachen und Vorurtheilen« reinigen sollte: Das war die Geburtsstunde der »Bayerischen Akademie der Wissenschaften«. Ein geschichtsträchtiger Ort also, die Burgstraße 5, aber auch wenn man auf die andere Straßenseite schaut: 1771 wohnte hier Wolfgang Amadeus Mozart und komponierte, während am Münchner Bier »er sich delectierte«, seine Oper »Idomeneo«.

1568   Der Mittlere Ring vor 440 Jahren

So putzig klein war München einmal (siehe Abb.) und bis auf Thalkirchen sind alle Orte rund um den heutigen Mittleren Ring weit älter als die Stadt mit der Frauenkirche. Schwabing, oder wie es damals hieß »Schwebing«, lag seinerzeit ganz weit draußen im Norden, und wurde schon 376 Jahre vor der Gründung Münchens in einer Urkunde des »Huasuni Suuapinga« anno 782 erwähnt. Noch ein bisschen älter auf der anderen Isarseite: »Pogenhausen«, anno 776 erstmals beurkundet.

Darunter ist beim »Gasta«, dem »gachen Steig«, zum Ufer hinauf schon ein Vorläuferbau des Gasteig-Kulturzentrums zu sehen und daneben weit vor den Toren Münchens das 350 Jahre ältere Haidhausen. Nur 152 Jahre älter ist Ramersdorf, das erst 1864 von München geschluckt wurde. Interessant ist auch Giesing, 368 Jahre älter, »Kyesinga« hieß es damals und war im Mittelalter Zufluchtsort für Tagelöhner, die in der Stadt unten an der Isar kein Wohnrecht bekamen.

Gleich alt wie München dagegen ist Harlaching, als Herrschaftsgut »Hadaleichingen« 1155 erstmals erwähnt und Thalkirchen auf der anderen Isarseite ist sogar 110 Jahre jünger als München.

Der älteste Fleck auf dieser Karte aber ist »Sentling«. In Sendling

Apian-Karte aus dem Jahre 1568, Ausschnitt

wurden 4000 Jahre alte menschliche Knochen aus der frühen Bron-
zezeit gefunden, die noch der Glockenbecherkultur angehörten.
Auch in späteren Epochen war die Sendlinger Gegend besiedelt, so
fand man bei Ausgrabungen Töpferwaren von keltischen Bauern.
Der Name Sendling geht auf einen germanischen Sippenchef
namens »Sendilo« zurück, der im 6. Jahrhundert nach Christus den
Ort »Sentilinga« gründete.

Die Karte zeichnete Philipp Apian, Mathematiker an der Universität in Ingolstadt im Auftrag von Herzog Albrecht V. Acht Jahre
lang fuhr er kreuz und quer durch Bayern und schuf eine 5x5 Meter
große Bayernkarte im Maßstab 1:45.000, die 1782 bei einem
Brand in der Residenz zerstört wurde. Erhalten blieben dagegen die
nach dieser großen Karte gleichzeitig angefertigten Holzschnitte,
eine Art Riesen-Navi, nach dem sich später auch Napoleon bei seinem Einmarsch in Bayern orientierte.

Kaiser, Kurfürsten
und Hofnarren

München-Gründer Heinrich der Löwe, 39, heiratet 12-jährige Engländerin

1168

Man stelle sich vor: Ein 39-jähriger Spitzenpolitiker lässt sich scheiden, um ein 12-jähriges Mädchen zu heiraten. Für den München-Gründer Heinrich den Löwen war dies ganz normal: Zehn Jahre, nachdem der Welfenherzog München gegründet hatte, gab er seiner Clementia von Zähringen den Laufpass und ging mit der 12-jährigen Mathilde von England, Tochter des englischen Königs Heinrichs II., ins Bett. Im Dom zu Minden bekam er 1168 den kirchlichen Segen dazu.

Um 1129 wurde Heinrich am Bodensee als Welfenherzog geboren und schon als 13-jährigem wurde ihm 1142 Sachsen überschrieben, Bayern folgte 1156 und zur Zeit der München-Gründung war er neben dem Kaiser der mächtigste Mann im Deutschen Reich.

Auf Druck Kaiser Barbarossas trennte er sich von seiner Frau, um die 12-jährige Mathilde von England zu ehelichen: Damit verbanden sich die Welfen mit der Großmacht England. Machtpolitik durchs Ehebett war damals für die Männer ganz selbstverständlich und Barbarossa hielt durch diese Freundlichkeit lange Zeit seine schützende Hand über ihn und seine Eroberungspolitik, vor allem in Sachsen.

Erst als Heinrich 1176 dem Kaiser die Gefolgschaft in dessen Italienfeldzug versagte – aus Angst, in seiner Abwesenheit könnte man gegen ihn in Bayern

Der 39-jährige Heinrich der Löwe heiratet im Dom zu Minden die 12-jährige Mathilde von England

putschen –, wurde über ihn die Reichsacht verhängt und ihm Sachsen und Bayern aberkannt. Jetzt war der Weg frei für die Wittelsbacher, denen Bayern zugesprochen wurde und die von nun an bis 1918 regierten. Heinrich der Löwe ging nach England ins Exil und kehrte erst 1194 nach Braunschweig zurück, wo er im Jahr darauf am 6. August 1195 starb und im dortigen Dom seine letzte Ruhestätte fand.

1261   Wurde Kaiser Ludwig von einem Affen entführt?

Eine der drei Stellen, von denen aus München vermutlich zuerst besiedelt wurde, ist das Gelände des Alten Hofs. Ausgrabungen ergaben, dass sich hier schon im 12. Jahrhundert Burganlagen befunden haben, die nach 1255 von Herzog Ludwig II. zur »Alten Veste«, der ersten Residenz der Wittelsbacher, ausgebaut wurde. Sein Sohn Kaiser Ludwig erweiterte sie und machte den Alten Hof zur ersten Kaiserresidenz in Deutschland, in der auch die Reichskleinodien aufbewahrt wurden.

Mit Kaiser Ludwig und dem Alten Hof untrennbar verbunden ist eine der lustigsten Legenden aus dem alten München, die bei jeder Fremdenführung mit Begeisterung erzählt wird: Sein Vater Herzog Ludwig hielt sich einen zahmen Affen, der im ganzen Hofstaat beliebt war und seine Späße treiben durfte. Wie er hieß, ist leider nicht überliefert, mündlich über-

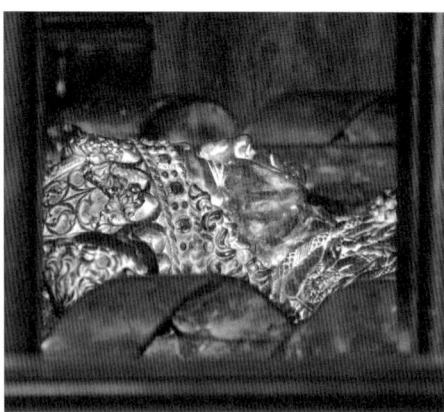

Kaiser Ludwig, Kaisergrab in der Frauenkirche

Alter Hof mit Erker am Burgstock

liefert ist allerdings, dass er eines Tages den etwa 3-jährigen Ludwig aus seinem Bettchen holte, mit ihm aus dem Fenster kletterte und von dort auf den gotischen Erker am Burgstock stieg, der heute frisch renoviert jedem entgegenleuchtet.

Der Hofstaat war natürlich in heller Aufregung und warf sämtliche Betten und Matratzen aus den Fenstern und baute unterm Erker ein Auffanglager für den Fall, dass der spätere Kaiser herunterplumpst. Der Affe war aber nicht so dumm ihn fallen zu lassen, sondern kletterte mit seinem Spielkameraden wieder ins Haus zurück und war von nun an der Star in der Burg, so wie heute unser Knut oder Flocke.

Diese herrliche Viecherei hat nur einen Haken: Sicher ist, dass der Affe mit dem Kind irgendeinen Scherz getrieben haben muss, aber dass er den Erker mit dem Kleinen auf dem Arm hinaufgeklettert sein soll ... da widerspricht leider die historische Realität: Der Erker wurde nämlich erst 120 Jahre nach dem Tod des kleinen Ludwig erbaut!

Ankunft des Schwedenkönigs beim heutigen Gasteig

1632   Schwedenkönig wollte die Residenz nach Stockholm rollen

Seit seiner Ankunft in Deutschland am 6. Juli 1630 war der Schwedenkönig Gustav Adolf II. ungeschlagen auf dem Vormarsch: Am 15. April 1632 besiegte er das bayerische Heer bei Rain am Lech, wobei Graf Tilly tödlich verwundet wurde, einer der beiden Feldherren, nach denen die Feldherrnhalle am Odeonsplatz benannt ist und der als grimmiges Denkmal auf der Residenz-Seite steht. Am 16. Mai waren die ersten Truppen in München, am Tag darauf zog der Eroberer selbst durchs Isartor ein.

München fiel dem Schwedenkönig kampflos in die Hände, da schwedische Unterhändler schon in Freising einen Deal mit der Residenzstadt ausgehandelt hatten: München sollte sich für 300.000 Reichsthaler freikaufen, um dadurch von der Brandschatzung verschont zu werden. Ein Betrag, der so hoch war wie das Steueraufkommen Schwedens in einem halben Jahr.

In seiner Begleitung befand sich auch eine der schillerndsten Figuren des Dreißigjährigen Krieges, der »Winterkönig« Friedrich V., der dem Schwedenkönig den Floh ins Ohr setzen wollte, die Residenz seines ungeliebten Verwandten Maximilian doch in die Luft zu jagen. Aber Gustaf Adolf war so begeistert von diesem Bau, dass er sie am liebsten »auf Rädern nach Stockholm gerollt« hätte, wie er sagte. Die Legende machte daraus den schönen aber falschen und unausrottbaren Spruch, der Schwedenkönig hätte am liebsten »ganz München nach Schweden gerollt, wenn die Stadt Räder gehabt hätte« – aber er meinte wirklich nur die Residenz, und zwar nicht die heutige Residenz neben dem Nationaltheater, sondern den »Alten Hof«, die erste Residenz der Wittelsbacher, die auf dem Bild rechts oben gut zu sehen ist.

Ganz so glimpflich ging der Schwedenbesuch aber doch nicht ab, denn München konnte die hohe Summe nicht sofort aufbringen und daher nahm Gustav Adolf bis zur vollständigen Bezahlung 42 hochrangige Personen als Geiseln mit, nach denen heute im Stadtteil Laim rund um die Agricola- und Valpichlerstraße jedem von ihnen eine Straße gewidmet ist.

Vom Militärpark zum Englischen Garten 1789

Kurfürst Max III. Joseph von Bayern starb ohne männlichen Erben, so dass 1777 die altbayerische Linie der Wittelsbacher ausgestorben war. Noch zu Lebzeiten bestimmte er aber, dass die Pfälzer Linie die Erbfolge antreten soll. Nun kam also Kurfürst Karl Theodor aus

Die Nackerten-Wiese war ursprünglich der Militärgarten, der Teil über dem Bach wurde den Münchnern zum Spazierengehen freigegeben.

Mannheim nach München, widerwilligst und erst nachdem sein Plan gescheitert war, Bayern an Österreich zu verschachern und gegen die reicheren Niederlande einzuhandeln. Ausgerechnet ein Preuße, Friedrich der Große, rettete Bayern vor diesem Pfälzer Kuhhandel. Karl Theodor zog also ins ungeliebte Bayern.

Dort führte der bei den Münchnern nicht beliebte Kurfürst 1784 mit seinem Generalmajor Benjamin Thompson und dessen Erfahrungen aus dem Amerikanischen Unabhängigkeitskrieg eine große Heeresreform durch, zu der auch die Anlage großer Militärgärten gehörte. Sie sollten zur »soldatischen Freizeitertüchtigung« dienen, aber ebenso für Obst- und Gemüseanbau genutzt werden. Auf großen Grünflächen sollten die Soldaten auch Platz für Spaziergänge haben.

Ein solcher Militärgarten entstand in München zwischen dem Schwabinger Bach und der heutigen Prinzregentenstraße. Um auch den Münchnern Gelegenheit zum Spazierengehen zu geben und den Magistrat zu besänftigen, erließ der Kurfürst am 13. August 1789 die Verfügung, »den hiesigen Hirsch-Anger zur allgemeinen Ergözung für dero Residenzstadt München herstellen zu lassen und diese schöne Anlage der Natur dem Publikum in ihren Erholungs-Stunden nicht länger vorzuenthalten.« Der erste Anlauf einer neuen Militär-Parkanlage war nämlich zur Wut der Bevölkerung erbärmlich gescheitert, weil die von ihm angekauften Grundstücke nicht für den Park verwendet wurden, sondern unter der Hand wieder teuer weiterverkauft wurden.

Mit Unterstützung des Schwetzinger Hofgärtners Friedrich Ludwig Sckell entstand nun unter der Regie von Thompson der erste großflächig angelegte Park nach Vorbild der Landschaftsgärten in England, der natürlich nach Kurfürst Karl-Theodor »Theodorspark« heißen musste. Aber genauso wie der Name Karlsplatz dem Stachus gewichen ist, verwandelte sich auch der Name »Theodorspark« schnell in »Englischer Garten«. Die Münchner ließen sich aber das Spazierengehen in der neuen Wiese vom Kurfürsten nicht befehlen, im Gegenteil: Neuanpflanzungen wurden oft mutwillig zerstört, Bäumchen herausgerissen und überhaupt: Warum sollten jetzt alle plötzlich »Spazierengehen«? Das war doch auch eine der Marotten dieses ungeliebten Pfälzers, und erst mit den Jahren gewöhnten sich die Münchner an ihren »Englischen Garten«.

Warum der Karlsplatz Stachus heißt

München platzte zu dieser Zeit aus allen Nähten: 37.840 Einwohner zählte die Stadt 1781 und innerhalb der Stadtmauern konnte nur noch durch Aufstocken alter Häuser Platz gewonnen werden. Wohlhabende Familien bauten schon außerhalb des Mauerrings ihre Villen. 1790 befahl Karl Theodor den Mauerring einzureißen, das Neuhauser Tor aber stehen zu lassen und Architekt Franz Thun baute links und rechts davon das für den Platz so typische Rondell. Der Platz und das Tor wurden auch gleich auf den Namen seines Gönners »Karl« getauft und er würde auch heute noch so heißen, wenn dieser Kurfürst bei den Münchnern nicht so verhasst gewesen wäre!

Als die Stadtväter 1791 gegen den despotischen Pfälzer aufbegehrten, mussten sie sich vor seinem Öl-Portrait niederknien und ihn um Verzeihung bitten. Und als die Wut der Bevölkerung noch mehr anwuchs, entzog Karl-Theodor den Stadtvätern die bürgerlichen Ehrenrechte. Aber die Münchner rächten sich: Lieber bissen sie sich die Zunge ab, als mit diesem Platz auch seinen Namen auszusprechen. Wenn jemand dorthin musste, dann ging er nicht zum

Luftaufnahme Karlsplatz (Stachus)

Karlsplatz, sondern zum Stachus. Das war die Kurzform des »Stachusgartens«, einem Wirtshaus, das seit 1755 an der Stelle des heutigen Kaufhofs stand und seinen Namen vom ersten Wirt, dem Eustachius Föderl hatte. Der Amtsschimmel tut sich bis heute schwer mit diesem Platz: Auf offiziellen Schildern und Bezeichnungen darf der Name »Stachus« nur in Klammern erscheinen. Kurfürst Karl Theodor is watching you!

1799 Wer war denn dieser Graf Montgelas?

Das silberne Riesendenkmal auf dem Promenadeplatz kennt jeder, aber wer war denn dieser Graf Montgelas, war er wirklich eine solche Größe, dass er so gewaltig und strahlend mitten in der Stadt stehen muss?

Maximilian Josef Graf von Montgelas – geboren 1759 in München – wurde 1799 von Kurfürst Max IV. Joseph, dem späteren König Max I. Joseph, zum Minister ernannt. In den folgenden Jahren entwickelte er sich zum größten Reformer Bayerns im 19. Jahrhundert. Geprägt von der Französischen Revolution und vom Geist der Aufklärung war er ein rein rational denkender Politiker. Durch ein äußerst geschicktes und geheim ausgehandeltes Bündnis mit Napoleon war er es, der 1805 Bayern vom Kurfürstentum ins Königreich führte.

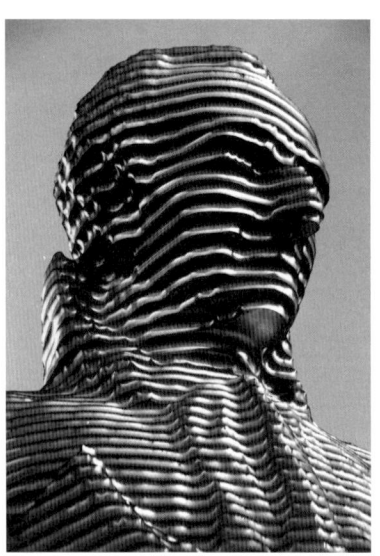

Mit drastischen Methoden setzte er die Säkularisation und Enteignung zahlreicher Klöster durch, reformierte die gesamte Staatsverwaltung

Montgelas-Denkmal,
Promenadeplatz

Maximilian Josef Graf von Montgelas (1759–1838)

und brachte eine große Justizreform in Gang.

Montgelas vereinheitlichte die bisher verschiedenen Gewichte, Maße und Währungen im Land und hob alle Zollbeschränkungen innerhalb Bayerns auf. Er entwarf eine völlig neue Steuergesetzgebung und ließ Bayern komplett neu vermessen, was endlich einheitliche Flurkarten zur Folge hatte. Auch die Einführung der Schulpflicht und der Wehrpflicht geht auf sein Konto, nicht zu vergessen die Pockenschutzimpfung. Ein modernes Beamtenrecht, die Witwenrente, staatliche Pensionen und die Gleichstellung von Katholiken und Protestanten sind ebenfalls sein Verdienst. Natürlich trägt auch die Bayerische Verfassung seine Handschrift sowie ein neues Strafgesetzbuch, in dem 1813 die Folter abgeschafft wurde.

Mit solchen gewaltigen Umwälzungen schafft man sich natürlich nicht nur Freunde. Einer, der es gar nicht mit ihm konnte, war der Sohn von Kurfürst Max Joseph, König Ludwig I. Er wollte ihn schon lange loswerden und nach Missernten und Hungersnöten im Land nahm er diese Katastrophen zum Anlass, Montgelas als Minister zu entlassen. Montgelas starb 1838 in München und ist in der Familiengruft in Niederbayern begraben.

Münchens letzter Hofnarr Prangerl 1800

»Kinder und Narren sagen die Wahrheit« ist eine uralte Weisheit und auch der Grund, warum seit dem Mittelalter Narren an den Herrscherhöfen einen besonderen Platz hatten. In den abgeschotteten Zirkeln der Macht verlor man damals wie heute schnell das Gespür für das, was draußen in der Bevölkerung vorging und gedacht wurde. Wahrheiten aber, wie sie Hofbeamte und Minister sich nie auszusprechen getrauten, konnte ein Sonderling, der sowieso nur Närrisches daherredet, meist mit Witzen und Späßen garniert ungestraft und zur Erheiterung der höchsten Herrschaften aussprechen. Natürlich erfuhr dabei der Regent auch, was seine allernächste Umgebung wirklich über ihn dachte. Der letzte Hofnarr in der Münchner Residenz war Georg Prangerl (1745–1820), von allen nur »der Prangerl« genannt, was auf seine kleine Gestalt hindeutet. Er war Musikant, konnte mehrere Instrumente spielen und unterhielt die Münchner in der »Cafféschänke« des Giovanni Pedro Sardi, dem heutigen Tambosi am Hofgarten. Seine Witze waren oft unter der Gürtellinie, zotig, derb und schonungslos. Er ging nie ohne Stock aus, mit dem er manchmal wahllos auf Passanten und sogar auf Kinder einschlug. Dass so ein ungehobelter, g'scherter Narr hoffähig wurde, lag an seinem Beschützer, dem beim Volk beliebten Kurfürst Max Joseph, seit 1806 König Max I. von Bayern: selbst weit entfernt von einer fürstlichen Erscheinung, von Zeitgenossen als »grober verdrießlicher Fuhrknecht« beschrieben und alles andere als ein Intellektueller. Im Hoftheater konnten für ihn die Stücke gar nicht seicht genug sein. Mit Max und dem Prangerl hatten sich eben zwei auf gleicher Wellenlänge gefunden. Aber auch beim Prangerl galt »Hochmut kommt vor dem Fall«, in seinen letzten Jahren war seine Gaudi nicht mehr »hoffähig«, er fiel

in Ungnade und damit aus der Residenz. Heute laufen täglich Zigtausende unter ihm vorbei, denn sein kleines Denkmal befindet sich im Inneren des Karlstor-Durchgangs.

Hofnarr Prangerl im Karlstor

»Die Münchner sind große Säufer«

München und sein Bier

1447

Herzog Albrecht schrieb ab: Das »Reinheitsgebot« von 1487 erfanden die Münchner schon 40 Jahre früher!

Am 30. November 1487 unterschrieb Herzog Albrecht IV. eine Verordnung über das Brauwesen, die später als das »Bayerische Reinheitsgebot« in die Geschichte einging: Jeder Brauer musste unter Eid versichern, »das er zu einem yeden Bier allein Gersten, Hopfen und Wasser nehmen und brauen, auch das nach Nothdurft sieden, und nichts anderes darein tun, noch durch yemand andern verfügen oder sunst gestatten wölle.«

Diesem Gesetz vorausgegangen war ein Dauerstreit, wer was wie brauen darf und was alles in den Sud hineingeschüttet werden kann. 1420 setzte der Magistrat (Stadtrat) erstmals Bierkontrolleure ein, die darüber wachten, dass kein Wasser aus den Stadtbächen zum Sieden verwendet wurde, sondern nur Wasser aus tiefen Brunnen. Diesen sogenannten »Kiesern« war es auch erlaubt, bei der »Piergschau« einen schlechten Sud zu vernichten. Da Bier in München als »flüssiges Brot« ein Lebensmittel ist, suchte der

Magistrat die Kontrolle darüber zu bekommen und beschloss schon 1447 ein eigenes Reinheitsgesetz, in dem der wichtigste Satz fast wörtlich im herzoglichen Reinheitsgebot 40 Jahre später übernommen wurde: »Item sollen auch pier und greussing nur allein von gersten / hopffen und wasser und sunst nichts darunter tun noch sieden / oder man straf es für falsch«.

Herzog Albrecht (1447–1508)

Der erste große Bierbrauer München-
chens war Herzog Ludwig II., der
»nechst der Veste beim Torazbach
(Pfisterbach) ain prewstatt« errichtet hatte. Er erlaubte allen Münchnern, seine Brauerei auch zum
Brauen eines eigenen Haustrunkes
mit zu benützen. Für sich selbst
braute er süffiges Weißbier, was er
aber allen anderen verbot, denn
Weißbiergenuss sei »gesundheitsschädlich«, wie er verkündete.
Der wahre Grund aber war der dauernde Weizenmangel, der bei
Missernten sofort zu Hungersnöten führte. Das Weißbier-Brauver-
bot wurde erst 1789 von Kurfürst Karl Theodor aufgehoben.

In den Epochen davor findet man Bier nur in den Klöstern, wo es
allerdings nicht öffentlich ausgeschenkt, sondern von den Mönchen selbst getrunken wurde. Alkoholische Getränke waren zur
Zeit der Gründung Münchens um 1158 der süße Honigwein »Met«
oder saurer Wein aus den Weingärten an den Isarhängen bei Harlaching, Bogenhausen, Wolfratshausen und Schäftlarn, wo alte
Straßennamen noch an den einstigen Weinbau erinnern.

232 Hektoliter Bier
beim ersten Oktoberfest   1810

Mit der schrecklichsten Oktoberfest-Legende hat der ehemalige
Stadtarchivdirektor Richard Bauer schon vor Jahren aufgeräumt,
trotzdem geistert in gedruckter Form immer wieder die fürchterliche
Mär herum, es hätte auf dem ersten Oktoberfest gar kein Bier gegeben! Die hier abgebildete Radierung von Wilhelm von Kobell zeigt
auf dem ersten Oktoberfest 1810 klar und deutlich drei Bierzelte, die
zwar nicht so hießen, aber in denen Bier ausgeschenkt wurde zusammen mit Wein und Brotzeiten jeder Art. Es waren die Zelte der »Trai-

Das erste Oktoberfest 1810 mit deutlich sichtbaren ersten Bierzelten rechts oben, Radierung von Wilhelm von Kobell

teurs«, den Partygastronomen der Biedermeierzeit, denen ausdrücklich der Ausschank von Wein und Bier erlaubt war. Das zweite Märchen, dass die Münchner damals hauptsächlich Wein getrunken hätten anstatt Bier widerlegen städtische Akten: Beim Weiterfeiern auf dem Marienplatz, der Neuhausergasse und auf dem Promenadeplatz wurden 232 Hektoliter Bier ausgeschenkt und nur 4 Hektoliter österreichischer Weißwein. Dies muss an erster Stelle gesagt sein, denn das große Münchner Volksfest zu Ehren der Hochzeit von Kronprinz Ludwig und Therese von Sachsen-Hildburghausen am 12. Oktober 1810 ohne eine Maß Bier – unvorstellbar! Hauptereignis war natürlich das große Pferderennen, das Unteroffizier Baumgartner zu Ehren des Brautpaares am 2. Oktober im Innenministerium vorgeschlagen hatte. Schon am 4. Oktober wurden dafür gedruckte Einladungen verschickt – unglaublich, wie schnell Ministerien damals entschieden – oder lag eine solche Volksbelustigung als Nationalfest schon in der königlichen Luft? »Volksfeste freuen mich besonders. Sie sprechen den Nationalcharakter aus, der sich auf Kinder und Kindes-Kinder vererbt«, sagte Kronprinz Ludwig bei der Eröffnung des ersten Oktoberfestes, wohlwissend, wie sehr ein solches Volksfest die Leute vereint.

Münchens erste Bierkönige

Die heutigen Münchner Großbrauereien entstanden alle zu Beginn des 19. Jahrhunderts und oft nach dem gleichen Muster: Armer Brauerlehrling heiratet reiche Brauerstochter.

PAULANERBRÄU: Franz Xaver Zacherl (1772–1849)
Zacherl lernte als Koch, heiratete 1796 die reiche Bauerstochter Elisabeth Schmeder und kaufte mit deren Mitgift 1797 die Hallerbrauerei. 1806 konnte er das von Graf Montgelas im Zuge der Säkularisation aufgelöste Paulanerkloster pachten, in dem immer noch Bier vom ehemaligen Klosterbruder Peter Ludwig gesotten wurde, der das Handwerk vom legendären Bruder Barnabas gelernt hatte. 1813 hatte er mit seinem Paulanerbräu so viel verdient, dass er das ganze Anwesen kaufen konnte.

PSCHORRBRÄU: Joseph Pschorr (1770–1841)
Joseph Pschorr kam als 16-jähriger von Kleinhadern nach München und lernte beim Oberkandlerbräu das Biersieden. 1793 heiratete er die Brauerstochter Therese Hacker vom Hackerbräu. Als 1806 mit den Montgelas-Reformen die Exportbeschränkungen des Münchner Bieres aufgehoben wurden, war Pschorr der erste, der Bier in großem Umfang auch außerhalb Münchens verkaufte und damit den Grundstein zur Großbrauerei legte.

SPATENBRÄU: Gabriel Sedlmayr (1772–1839)
Gabriel Sedlmayr war Brauerssohn aus Maisach. Nach einer Lehre im Münchner Hofbräu kaufte er 1807 die kleinste der 52 Münchner Brauereien, den schäbigen »Oberspaten«. Mit einem Darlehen

v.l.n.r.: Gabriel Seldmayr (Spatenbräu), Maria Theresia Wagner (Augustinerbräu),
Franz Xaver Zacherl (Paulanerbräu), Joseph Pschorr (Pschorrbräu),
Georg Brey (Löwenbräu)

seines Vaters vervierfachte er in einem einzigen Jahr den Bieraus-
stoß und knallhart rechnend baute er seine Kleinbrauerei mit ständig neuen Krediten zur Großbrauerei aus.

LÖWENBRÄU: Georg Brey (1784–1885)
Georg Brey stammte aus Murnau und lernte Bierbrauen beim Wag-
nerbräu. 1810 wurde er Braumeister beim Grafen Törring in See-
feld am Pilsensee und heiratete die reiche Brauerstochter Anna
Rapolt aus Inning. 1818 kauften sie mit ihren Ersparnissen eine
kleine Brauerei in der Löwengrube und bauten sie in den nächsten
30 Jahren zu einer der größten Münchner Brauereien aus.

AUGUSTINER: Maria Theresia Wagner (1794–1858)
Die Müllerstochter Maria Theresia Brunner heiratete 1818 Anton
Wagner, mit dem sie die Hasüber-Brauerei in Freising kaufte. 1829
übernahmen sie in München das durch die Säkularisation frei
gewordene Brauhaus der Augustiner-Mönche. Nach dem frühen
Tod ihres Mannes vergrößerte sie die Brauerei und konnte 1857 das
heutige Brauereigelände in der Landsberger Straße kaufen.

1823 Großbrand im Nationaltheater mit Hofbräu-Bier gelöscht

Der Januar 1823 war einer der kältesten Wintermonate im 19.
Jahrhundert und alle Löschteiche in München waren zugefroren. Da
brach während einer Aufführung der komischen Oper »Die beiden
Füchse« von Étienne-Nicolas Méhul hinter der Bühne ein Feuer aus,
das rasch um sich griff, wodurch das erst 1818 erbaute Nationaltheater fast völlig zerstört wurde. »Während das Parterre noch nicht
ganz geleert war, loderten schon große Feuermassen aus den obersten
Fenstern des Gebäudes zum Himmel empor. In kürzester Zeit ergriff
der Brand das ganze Haus, weithin war die Gegend beleuchtet«,
schrieb der Chronist in das Jahrbuch der Stadt.

König Max I. beklagte sich später, dass die Münchner nur gaffend
herumstanden und keine Anstalten machten, beim Löschen mitzu-
helfen, aber womit denn auch? Sogar die Berieselungsanlage des
Ingenieurs Georg von Reichenbach war eingefroren. Allerdings war

Brand des Nationaltheaters in einer zeitgenössischen Darstellung

bei den Schaulustigen eine heimliche Freude über das Feuer verbunden, denn viele sahen den Brand als gerechte Strafe von oben für den Abriss eines Franziskanerklosters, das auf Befehl von Graf Montgelas dem Erdboden gleich gemacht wurde und auf dessen Gelände nun das neue Opernhaus Platz hatte. Schon 1817 war der Dachstuhl in Flammen aufgegangen und es kursierten anonyme Flugblätter mit den Worten »Brand oder Brot« – doch eine Brandstiftung konnte niemandem nachgewiesen werden.

In der Brandnacht 1823 standen in der Residenz König Max I., Kronprinz Ludwig und Baumeister Leo von Klenze am Fenster und hier soll den dreien die Idee gekommen sein, die Bierfässer vom nahegelegenen Hofbräuhaus zu beschlagnahmen und damit zu löschen! Ob auf Befehl oder freiwillig: Das Hofbräubier rollte an, »indem die Bierbrauer ihr auf der Kühle liegendes Bier zum Brande führten«, wie ein Bericht der Brauerinnung vermerkt. Genützt hat's nicht viel und die Oper brannte zur Hälfte nieder. Auch beim Wiederaufbau spielte Bier eine Rolle: Um ihn zu finanzieren, wurde ab März 1823 auf jede Maß Bier ein »Bierpfennig« erhoben und Leo von Klenze konnte das Theater wieder in alter Pracht errichten, so dass es am 2. Januar 1825 zum zweiten Mal eröffnet wurde.

Wie Äquator zum Starkbier wurde

Paulaner-Gründer Franz Xaver Zacherl hatte als erster die Idee, zur Fastenzeit ein Starkbier auszuschenken, allerdings zum Ärger der übrigen Münchner Brauereien, die ihn mit Anzeigen und Drohungen wegen seines »Sonderbieres« einzuschüchtern versuchten. Zermürbt von den Anfeindungen schrieb er 1836 in seiner Verzweiflung direkt an König Ludwig I., der ihm am 25. März 1837 die königliche Erlaubnis zum Ausschank seines bei den Münchnern so beliebten Starkbiers erteilte: »Auf so lange ich nicht anders verfüge, soll die Kreisregierung ermächtigt werden, jährlich zum Ausschanke des Salvator-Bieres Erlaubnis zu erteilen.«

Woher aber kommt der Name Salvator? Im Lateinischen heißt Salvator »Heiland, Retter«, die Paulaner-Mönche nannten es erst nur »Herrenbier«, wahrscheinlich als Gegensatz zum dünnen Bier für Normalsterbliche. Der Herr da unten wurde schnell der Herr da oben und schon war es zum »Heilig-Vater-Bier«, lateinisch »Salvator-Bier« geworden, und während eines Schankstreites 1835 hat Brauer Zacherl erstmals das Wort »Salvator-Bier« in einem Dokument genannt.

Ab 1870 begann der Boom mit dem Starkbier und jede Münchner Brauerei brachte ihren eigenen »Salvator« auf den Markt, in Schwabing wurde sogar eine Salvator-Brauerei gegründet. Erst

1894 hatte die Paulaner-Brauerei durch alle gerichtlichen Instanzen gesiegt und der Name Salvator mit dem Paulaner-Mönch war endgültig geschützt. Nicht zu schützen aber war die Endung »-ator«, was zu den kuriosesten Namensgebungen führte: Operator, Schwibator, Suffikator, Jubilator, Münchator, Kolossator, Birator und sogar ein Äquator wurden als Doppelböcke ausgeschenkt.

Salvator-Bier vom Löwenbräu, 1890

Blutige Kämpfe um den Bierpreis

Wer regt sich heute noch auf, wenn die Maß auf der Wiesn jedes Jahr mehr kostet? Von Bürgerprotest keine Spur. Es gab aber Zeiten mit blutigen Auseinandersetzungen ums teure Bier, aber es waren auch ganz andere Zeiten als heute. Bierkrawalle waren immer ein Zeichen von Unmut über die miserable soziale Lage der Bevölkerung und ein Ventil, nachdem sich schon alles verteuert hatte. Der größte Bierkrawall entlud sich im Revolutionsjahr 1848.

In Frankreich war der Bürgerkönig Louis Philippe gestürzt, die revolutionäre Stimmung griff auch auf Bayern über und Ludwig I. demonstrierte in München militärische Präsenz. Die Münchner antworteten mit der Erstürmung des Zeughauses, des heutigen Stadtmuseums, und nur durch Ankündigung von Reformen konnte der König die Stimmung besänftigen. Die Stimmung schlug aber schnell wieder um, als das Gerücht aufkam, Lola Montez wäre wie-

In einer zeitgenössischen Darstellung der Bierkrawalle heißt es:
»... In der Privatwohnung des Bräuers wurde total Alles demolirt. Klavier, Bilder, Stockuhren, Wäsche, Betten, Kleider, Silbergerät kurz Alles wurde zertrümmert, zerrissen und zu den Fenstern hinabgeworfen ...«

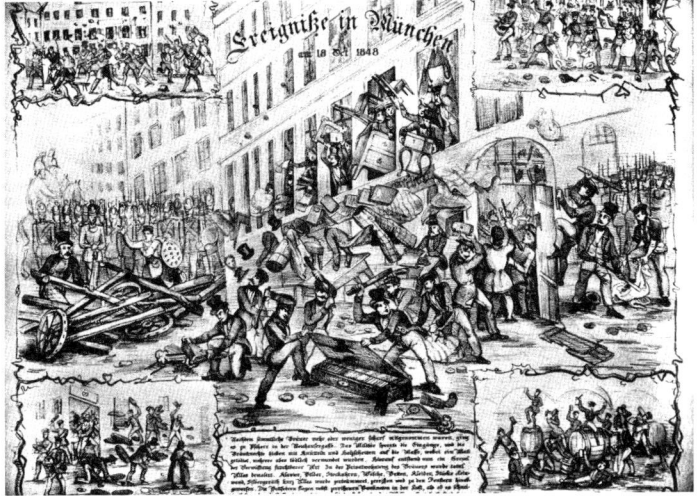

der zum König zurückgekehrt und Ludwig I. blieb schließlich nur noch die Abdankung, die Krone übergab er seinem Sohn Max.

Doch die Stimmung war weiter geladen. Nachdem die Gendarmerie einen Streik der Schuhmachergesellen brutal aufgelöst hatte, entlud sich die Wut der Bevölkerung erneut, als der Bierpreis von 4 Kreuzer auf 4 Kreuzer 2 Pfennige die Maß erhöht wurde. Schon am 13. Juli kam es im Maderbräu im Tal – heute Weißes Bräuhaus – zu einer Saalschlacht, bei der die Bierkämpfer nach Pariser Vorbild eine »Volksbarrikade« errichten wollten: 14 schwerverletzte Bierpreiskämpfer und 2 krankenhausreife Gendarmen wurden gezählt.

Da der Bierpreis nicht gesenkt wurde, ging's in der Nacht zum 18. Oktober beim Pschorrbräu dann auf zum letzten Gefecht, bei dem die Gendarmerie aber tatenlos zusah: Sie hätte gegenüber der wütenden Menge keine Chance gehabt. Der Magistrat ließ sogar zum Schutz der Gendarmerie Militär aufmarschieren, um die Polizisten vor Randalierern zu schützen! Als Gerüchte über erschlagene Soldaten die Runde machten, gab's kein Halten mehr und die Randalierer zertrümmerten den Pschorrbräu zu Kleinholz.

»Niemals hat Bayerns Metropole solchen Gräuel der Verwüstung geschaut«, schrieben die »Neuesten Nachrichten«.

1879   Erster Oktoberfest-Einzug war grober Unfug

Mit dem »traditionellen Einzug der Wiesnwirte« beginnt das Oktoberfest. Aber bei jedem Satz, der in München mit dem Wort »traditionell« beginnt, ist große Vorsicht geboten: Wäre nämlich der Einzug der Wiesnwirte wirklich »traditionell«, dann müsste die Polizei jeden Einzug sofort stoppen und die Wirte wegen groben Unfugs anzeigen. So geschehen 1879, als Hans Steyrer (1848–1906), beliebter Wirt des Sendlinger Wirtshauses »Zum bayerischen Herkules« aus Freude darüber, dass er auf dem Oktoberfest ein Bierzelt bekam, mitsamt seinen Kellnerinnen und Schankburschen im Zweispänner quer durch die Stadt auf die Wiesn fuhr.

Allem voran eine zünftige Kapelle, damit auch jeder hört, der bayerische Herkules ist jetzt Wiesnwirt! Der Strafbefehl über 100 Mark folgte sofort, aber der Steyrer Hans hat sich in seinem Wiesnzelt wahrscheinlich einen Maßkrug genommen und sich gesagt: »Schwoab'ma'n obi!«

Im Jahr darauf, 1880, war das Auge des Gesetzes schon gewarnt und schickte ihm bereits Tage vor Wiesnbeginn das schriftliche Verbot, diesen Unsinn zu wiederholen. Bei Androhung der gleichen Strafe, versteht sich. Die Polizei war aber so klug, sich auf keinen Kampf mit dem bayerischen Herkules und seiner Kellnerinnen-Truppe einzulassen, den sie sowieso verloren hätte, überreichte ihm dafür noch in der Kutsche den zweiten Strafbefehl wegen »groben Unfugs«. Ob er ihn gleich bar bezahlt hat, ist nicht überliefert, aber der »traditionelle Einzug der Wiesnwirte« hatte damit begonnen.

»Ozapft is« auf der Nachkriegs-Wiesn

»Im Schottenhamel lag neben dem ersten Banzen ein nagelneuer **1950** Schlegel und ein funkelnder Messinghahn bereit. Umringt von Münchner Kindln und Photographen band sich Oberbürgermeister Thomas Wimmer schmunzelnd den Schurz um, krempelte die Hemdärmel auf und zapfte mit ein paar kräftigen Schlägen an. Die erste Maß widmete er dem Oktoberfest und der Stadt München.« Am Samstag, den 18. September 1950 schlug um 12.00 Uhr mittags die Geburtsstunde der bis heute »wichtigsten Amtshandlung« eines Münchner Oberbürgermeisters, das Anzapfen auf dem Oktoberfest. Das Sensationelle bei diesem ersten Anzapfen war: Wimmer stellte damit die Bier-Hierarchie auf den Kopf. Vor ihm wäre kein

Politiker auf die Idee gekommen, ein Fass Bier anzuzapfen. Politiker standen in einer Reihe mit den Brauereibesitzern, Bieraktionären und Großgastronomen, danach kamen die großen Wirte, und bei deren Personal an unterster Stelle stand der Schenkkellner. Dass Wimmer die Hemdsärmel hochkrempelte, den Schlegel in die Hand nahm und ein Fass Bier anzapfte, hatte 1950 die gleiche Symbolkraft wie er zur selben Zeit die Schaufel in die Hand nahm und Schutt räumte. Er wollte damit ein Zeichen setzen, dass sich in diesem Nachkriegselend niemand auch zu niedrigsten Arbeiten zu schade sein darf, jetzt musste jeder die Ärmel hochkrempeln und wie er Schutt räumen und draufhauen (siehe »Rama dama«, Seite 151). Und weil diese Botschaft alle Münchner erfahren sollten, war das erste Oktoberfest-Anzapfen auch kein zufälliges Ereignis. Wimmer wurde nicht, wie die Legende bis heute behauptet, vom Wirt Schottenhamel als Fußgänger in die Kutsche und dann ins Zelt zum zufälligen Anzapfen eingeladen, sondern das Anzapfen war von Wimmer eine gut geplante Amtshandlung.

Ozapft is! OB Wimmer bei der ersten Nachkriegs-Wiesn 1950.

Von der
Sendlinger Bauernschlacht
zum 2. Weltkrieg

1100 Tote bei der Sendlinger Bauernschlacht

So verträumt das alte Kircherl oben am Sendlinger Berg steht, so geschichtsträchtig ist dieser Ort: Sendlinger »Mordweihnacht«, »Blutweihnacht« oder »Bauernschlacht« – es war jedenfalls ein grauenvolles Gemetzel, das sich in der Nacht zum 25. Dezember 1705 hier ereignete.

Zu Beginn des Spanischen Erbfolgekrieges wechselte Kurfürst Max Emanuel von der nahestehenden Seite Österreichs (seine Frau war Österreicherin) auf die französische Seite. Frankreich siegte zwar im Spanienkrieg, Bayerns Truppen wurden aber von Österreich bei Höchstädt geschlagen. Der Kurfürst floh ins Exil nach Brüssel und in München brachte die Kurfürstin Bayern wieder unter die Herrschaft Österreichs. Kaiser Leopold I. ließ München besetzen, erhöhte drastisch die Steuern und im Herbst 1705 ordnete er eine Zwangsrekrutierung an, die von den Soldaten des Kaisers brutal durchgeführt wurde. Als Konsequenz kam es in ganz Bayern

Schmied-von-Kochel-Denkmal am Sendlinger Berg

zu Aufständen gegenüber den Besatzern und aus Tölz kam die bekannte Losung: »Liaba bairisch sterbn als kaiserlich verderbn!«

Unter der Führung von Matthias Fuchs und Georg Plinganser formierten sich am 19. Dezember in Tölz schlagkräftige Bauern mit dem Ziel, München zu befreien. In Schäftlarn trafen dann 2769 Mann Fußvolk mit 300 bewaffneten Reitern zusammen, alle völlig unzureichend ausgerüstet und oft nur mit Sensen und Dreschflegeln bewaffnet.

Am Heiligabend begann der Marsch auf München und um 1 Uhr früh des 25. Dezember schlugen sie los, scheiterten aber schon am Isartor. Wer fliehen konnte, rettete sich hinter die Friedhofsmauern der Sendlinger Kirche und obwohl sie signalisierten, sich zu ergeben, wurden auch sie bestialisch erschlagen. Der letzte der 1100 Gefallenen soll der sagenhafte »Schmied von Kochel« gewesen sein, der mit einer nägelgespickten Keule viele Gegner erschlagen haben soll. Es könnte Balthasar Mayer aus Waakirchen gewesen sein, es könnte aber auch nur eine Symbolfigur für die heroischen Aufständischen aus dem Oberland gewesen sein. Historisch einwandfrei belegt ist die Existenz des »Schmied von Kochel« nicht, auch wenn heute am Sendlinger Berg sein Denkmal steht.

Napoleon am Stachus 1805

Das wunderschöne Gemälde von Nicolas Antoine Taunay stimmt nicht ganz: Kaiser Napoleon überquerte den Stachus am 24. Oktober 1805 nicht hoch zu Ross wie ein siegreicher Feldherr, sondern er zog wie ein großer Staatsmann in einer sechsspännigen Kutsche »unter dem Donner der Kanonen und dem Zusammenläuten aller Glocken« durch das Karlstor nach München hinein, nachdem seine Truppen die Österreicher verjagt und München von ihnen befreit hatten.

Was war geschehen? Sowohl Österreich als auch Frankreich wollten Bayern zum Verbündeten.

Österreich war an einem schwachen Bayern interessiert, um es möglichst bald ganz zu verschlucken. Frankreich dagegen wollte ein starkes Bayern, schon allein um Österreich auf Abstand zu halten.

Bayerns Kurfürst Max Joseph war in einer Zwickmühle, da seine

Einzug Napoleons in München 1805 auf einem Gemälde von Taunay

Familie wegen familiärer Verflechtungen einen Zusammenschluss mit Österreich favorisierte, sein über Verwandtschaftsspielchen hinausdenkender Minister Montgelas dagegen nur einem starken Bayern eine Zukunft gab und daher einen Vertrag mit Frankreich anstrebte. In aller Heimlichkeit handelte Montgelas in seiner Bogenhauser Villa am 25. August 1805 ein Geheimabkommen aus und brachte Bayern auf die Seite Frankreichs.

Nachdem Österreichs Truppen in Bayern einmarschiert waren, erklärte am 23. September Napoleon den Österreichern den Krieg. Und schon am 20. Oktober musste Österreichs Armee bei Ulm kapitulieren. Sein nächstes Ziel war jetzt Wien, das er am 13. November kampflos eroberte.

Sein Weg dorthin führte natürlich über München, und Napoleon reihte sich wie so viele ein in die große Schar der München-Fans, ob sie nun als Eroberer kamen oder als Befreier. Er selbst wäre sicher gerne noch eine Weile geblieben, aber er musste ja noch Wien kassieren. Dafür ließ er seine Josephine in München zurück, und damit sie auch bleibt und ihm nicht nachfährt, machte er ihr das schöne München von unterwegs schmackhaft: »Bleibe in München, zerstreue Dich, das ist nicht schwer, wenn man so viele nette Menschen um sich hat, und das in einem so schönen Lande!«

Münchens ältester Baum erzählt ...

Als diese Linde in der Nederlinger Straße beim Westfriedhof ihre ersten zarten Zweige in den Föhnhimmel streckte, war der 30-jährige Krieg gerade zu Ende. Dann zogen Kurfürst Max Emanuels Truppen in die Türkenkriege an ihr vorbei und als sie ein junger Baum war, tobte jahrelang der Spanische Erbfolgekrieg. Das Gemetzel der Sendlinger Mordweihnacht sah und hörte sie von der Ferne, dafür zog Napoleon direkt an ihr vorbei und erklärte Bayern zum Königreich. Jede Menge Kurfürsten, Herzöge und alle bayerischen Könige hat sie erlebt und überlebt: Max I., Ludwig I., Max II., den Märchenkönig, den Prinzregenten und auch noch König Ludwig III. Not und Schrecken aller großen Kriege gingen spurlos an diesem Riesenbaum vorüber: Der 66er Krieg gegen die Preußen, der 70er Krieg gegen die Franzosen, auch der 1. und der 2. Weltkrieg mitsamt seiner braunen Pest knickte an ihr keinen Zweig. Sie sah Mozart nach München kommen und wieder gehen. Lola Montez' Aufstieg, Fall und Flucht ins nahe Schloss Blutenburg erlebte sie buchstäblich unter ihren Ästen, und auch Richard Wagner rollte aus Stuttgart kommend direkt unter ihrer Krone vorbei und dampfte wütend wieder ab. Wenn dieser Baum erzählen könnte! Und jetzt gerade erlebt sie ihren dreihundertsechzigsten Frühling und wahrscheinlich sind's sogar noch ein paar Jahre mehr: Die »Röthlinde«, benannt nach dem Landschaftsmaler Philipp Röth, ist der mit Abstand älteste Baum Münchens, aber erst seit der Eingemeindung Obermenzings 1938. Der Grund ihres biblischen Alters: Wäre sie vor 360 Jahren im Münchner Stadtgebiet aus der Erde geschossen, dann wäre sie schon längst unter einem Haus begraben.

Die Röthlinde im Frühling, Sommer, Herbst und Winter

Die Preußen kommen!

»Das ist mein erster Vasallenritt«, sagte Ludwig II., als er am 16. Juli 1871 zur großen Parade der siegreichen Truppen des »Siebzigerkrieges« gegen Frankreich zum Odeonsplatz ritt, »schön wie eine Märchenerscheinung«, wie eine Zeitung schrieb. Der preußische Kronprinz Friedrich führte die siegreiche bayerische Armee vom Siegestor aus zur Feldherrnhalle – ein seltsames Schauspiel, das Hofphotograph Josef Albert vom Dach aus verewigt hat. Zur abendlichen Militärtafel war der bayerische König schon gar nicht mehr erschienen und am nächsten Morgen war er bereits nach Schloss Berg entschwunden.

Nachdem am 15. Juli 1870 Frankreich Preußen den Krieg erklärt hatte, war für Bayern der Bündnisfall eingetreten, eine Hypothek aus dem verlorenen Krieg 1866 gegen die Preußen. Die siegreichen Schlachten wurden zwar hauptsächlich von bayerischen Truppen geschlagen, in Versailles wurde aber der preußische König zum deutschen Kaiser ausgerufen. Ludwig II. wollte in die Verhandlun-

Bayerische Truppen unter preußischen Fahnen, angeführt vom preußischen Kronprinzen am 16. Juli 1871 in der Ludwigstraße, fotografiert vom Hofphotographen Josef Albert

gen noch die Idee einbringen, dass Bayern und Preußen abwechselnd den Kaiser stellten, aber seine Minister Lutz und Holnstein, die 15 Jahre später die Rädelsführer bei der Entmündigung des Königs waren, hatten schon voreilig den preußischen Ideen zugestimmt. »Ach Ludwig, welch wehmütigen Eindruck macht es mir, unser Bayern sich da vor dem Kaiser neigen zu sehen«, schrieb Prinz Otto an Bruder Ludwig, als Wilhelm I. zum Deutschen Kaiser ausgerufen wurde, obwohl der Bayerische Landtag noch gar nicht zugestimmt hatte. Und dann gab's noch den berühmten, von Bismarck eingefädelten »Kaiserbrief«, in dem Ludwig II. dem preußischen König die Kaiserwürde angetragen hatte. Fest steht, dass Ludwig geheime Zahlungen von Bismarck erhielt, von denen Graf Holnstein vorher 10% Provision abzwackte. Unklar ist, ob er die preußischen Gelder als Kriegskosten-Rückerstattung aus dem Krieg 1866 betrachtete. Einig sind sich die Historiker aber darin, dass Ludwig II. sich die Kaiserwürde nicht hat »abkaufen« lassen. Bayern war jetzt zwar immer noch eigener Staat, hatte aber seine Unabhängigkeit, Selbstbestimmung und Souveränität für immer verloren.

Die »königlich-bayerische Revolution« 1918

Revolutionen enden meist blutig und mit vielen Opfern, nicht so in Bayern, wo die Revolution vom Königreich in einen Freistaat ohne einen einzigen Schuss und ohne Menschenleben ablief; es war eben eine »königlich-bayerische Revolution«! Die Versorgungsnöte während des 1. Weltkrieges waren der Grund für den Unmut der Bevölkerung und die immer lauter werdenden Rufe nach einem anderen System als dem der Monarchie. Die «Unabhängige Sozialdemokratischen Partei« USP, eine linke Abspaltung der SPD, führte den Protest unter der Leitung von Kurt Eisner an. Ziel der Partei war »unbedingt und rückhaltlos die Monarchie zu stürzen.« Am 7. November 1918 war es soweit: Ein Gemisch aus lange ertragener Not und Verbitterung explodierte: Eine Friedenskundgebung auf der Theresienwiese formierte sich unter Anführung von Kurt

König Ludwig III.   *Kurt Eisner*   *Graf Arco*

Eisner zu einem Marsch zu den Münchner Kasernen, wobei sich auch das bayerische Militär den Aufständischen anschloss. Im Mathäserbräu wurde schon in der ersten Nacht ein »Arbeiter-, Bauern- und Soldatenrat« gegründet: Kurt Eisner rief die »Republik Bayern« aus und das Königreich war am Ende. König Ludwig III. blieb nur noch die Flucht aus München. In Salzburg unterschrieb er eine Art Abdankungserklärung und entband alle Beamten vom Eid auf die Krone. Kurt Eisner wurde zum Ministerpräsidenten gewählt, doch die erste Landtagswahl brachte ihm ein vernichtendes Ergebnis: den Linken war er zu bürgerlich, für die Sozis war er ein realitätsferner Idealist und für die bürgerlichen Kräfte war er das Schreckgespenst einer Räteherrschaft. Als er am 21. Februar 1919 zur konstituierenden Sitzung des Landtags gerade den Promenadeplatz überquerte, wurde er von Anton Graf Arco hinterrücks erschossen. »Wahre, tiefe, innerlich verwurzelnde Vaterlandsliebe war es, die den Angeklagten zu seiner Tat veranlassten«, sagte der Staatsanwalt und das Gericht bescheinigte ihm »glühendste Liebe zu seinem Volke und Vaterland«. Von 15 Jahren Haft musste er nur vier in Landsberg absitzen.

1933   Der Weg in Münchens Untergang

Der erste Versuch einer Machtübernahme Adolf Hitlers endete an der Feldherrnhalle: Am 8. November 1923 betrat Hitler mit Göring eine Versammlung im Bürgerbräukeller, schoss mit seiner Pistole in die Decke und schrie, »die nationale Revolution« sei ausgebrochen. In einer Proklamation erklärten sie die Regierung in Berlin für abgesetzt und eine National-Regierung mit Hitler und General Ludendorff für eingesetzt. Nach dem Vorbild der italienischen Faschisten sollten die in Bayern stehenden Reichswehrverbände nach Berlin marschieren und dort die Macht im Deutschen Reich übernehmen. Am Morgen des 9. November 1923 zogen Hitler und Ludendorff mit ihren Anhängern zur Feldherrnhalle, wo der Marsch durch die Bereitschaftspolizei gestoppt wurde. Im Kugelhagel starben vier Polizisten, ein Passant und 16 Putschisten. Im Hochverratsprozess von 1924 wurde Hitler zu fünf Jahren Haft in Landsberg verurteilt, wo er den ersten Band von »Mein Kampf« schrieb und vorzeitig entlassen wurde.

Nachdem mit dem »Ermächtigungsgesetz« vom 23. März 1933 die Naziherrschaft in Berlin festgeschrieben war, folgte umgehend auch die Machtübernahme durch die NSDAP im Münchner Rathaus. Oberbürgermeister Karl Scharnagl wurde zum Rücktritt gezwungen, und der damalige Stadtrat und spätere Nachkriegs-Oberbürgermeister Thomas Wimmer kam in »Schutzhaft«. Zahlreiche Zeitungsredaktionen wurden von den Nazis verwüstet und 700 SA-Männer besetzten das Gewerkschaftshaus. Karl Fiehler wurde von der NSDAP zum neuen Oberbürgermeister ernannt. Unter den 735.388 Einwohnern Münchens lebten damals 10.737 Juden, und so begann auch der Boykott jüdischer Geschäfte. Viele bekannte Künstler, Wissenschaftler und Schriftsteller gingen in die Emigration. Der »Hitler-Gruß« wurde für Beamte zur Pflicht, die »Füh-

Von der NSDAP errichtetes Mahnmal an der Feldherrnhalle

rerbauten« und »Ehrentempel« am Königsplatz gebaut und der Grundstein für das »Haus der Deutschen Kunst« gelegt. An der Feldherrnhalle wurde ein Mahnmal für den missglückten Putsch von 1923 enthüllt, an dem Fußgänger nur noch mit erhobener Hand zum »Führergruß« vorbeigehen durften. Wer diesem Unsinn entgehen wollte, schlich sich hinter der Feldherrnhalle durch die Viscardigasse, die bei den Münchnern bald in »Drückebergergässchen« umbenannt wurde.

1943 Die »Weiße Rose«

Am 13. Januar 1943 kam es bei einer Rede des Gauleiters Giesler im Kongresssaal des Deutschen Museums zu Tumulten, als er in den Saal schrie, dass die »Studentinnen doch lieber dem Führer ein Kind schenken« sollten als sich in der »Universität herumzudrücken!« Und »wenn einige Mädels nicht hübsch genug sind einen Freund zu finden, werde ich gerne jeder einen meiner Adjutanten zuweisen!« Studentinnen, die aus Protest den Saal verließen, wurden festgenommen. Die Wut vieler Studenten auf das Nazi-Regime war in München nicht mehr zu übersehen: Am 4. Februar 1943 schrieben Unbekannte in Riesenbuchstaben an die Uni-Wand: »Nieder mit Hitler!« Der Staatsanwalt meldete nach Berlin »staatsfeindliche Umtriebe in München« und, dass 1300 Flugblätter mit anti-nationalsozialistischem Inhalt auf den Straßen gefunden wurden, »Täter unbekannt«. Doch es dauerte nicht lange und sie wurden entdeckt: Am 18. Februar flatterten vom obersten Stockwerk der Universität Flugblätter in den Lichthof. Uni-Hausmeister Jakob Schmied hatte die Szene beobachtet, rannte einem Mädchen und einem jungen Mann nach, schrie »Halt! Sie sind verhaftet«, worauf sie ste-

> **Aus dem Flugblatt der »Weißen Rose«:**
> »Es gärt im Deutschen Volk: Wollen wir weiter einem Dilettanten das Schicksal unserer Armeen anvertrauen? Wollen wir den niederen Machtinstinkten einer Parteiclique den Rest der deutschen Jugend opfern? Nimmermehr! Der Tag der Abrechnung ist gekommen, der Abrechnung der deutschen Jugend mit der verabscheuungswürdigen Tyrannis, die unser Volk erduldet hat.«

Hans und Sophie Scholl

henblieben und sich widerstandslos zum Rektor führen ließen. Es waren Hans und Sophie Scholl. Sie wurden der Gestapo überstellt und leugneten in ersten Verhören den Sachverhalt. Nachdem bei der Hausdurchsuchung aber weitere Flugblätter, auch von Mitwissern und Sympathisanten, gefunden wurden, bekannten sie sich zu der Aktion, die sie mit »Die Weiße Rose« unterzeichnet hatten. Am 22. Februar standen sie im Volksgerichtshof dem schrecklichsten aller Nazi-Richter, Roland Freisler, gegenüber, der sie zum Tod bei sofortiger Vollstreckung verurteilte. Unmittelbar danach wurden sie im Gefängnis Stadelheim von Johann Reichart mit der Guillotine hingerichtet. Ebenfalls hingerichtet wurden ihre Mitwisser Kurt Huber, Christoph Probst, Willi Graf und Alexander Schmorell. Noch heute werden auf ihrem Ehrengrab (Nr.73-1-18/19) im Friedhof am Perlacher Forst ständig weiße Rosen niedergelegt.

»München brennt wie wild!«   1944

Als in der Nacht vom 17. auf den 18. Dezember 1944 ein britischer Bomberpilot seine Brand- und Sprengbomben über der Innenstadt ausgeladen hatte, drehte er ab und sah die Stadt unter sich: »München brennt wie wild«, meldete er über Funk. Dieser Angriff mit 280 Lancaster-Bomber versetzte Hitlers »Hauptstadt der Bewegung« den Todesstoß. Begonnen hatte die Bombardierung Münchens am 28. August 1942 mit einem Angriff auf Sendling mit 144 Toten, 500 Verletzten und 6000 Obdachlosen. Zeitungen durften darüber nicht berichten und offiziell hatte der Angriff gar nicht stattgefunden. Erst nach Goebbels »Wollt ihr den totalen Krieg?« änderte sich das Münchner Leben schlagartig und täglich heulten mehrmals die Luftschutzsirenen. Am 9. März verbrannten in der Staatsbibliothek eine halbe Million Bücher und die Residenz und Schloss Nymphenburg erhielten Volltreffer. Die meisten Kaufhäuser machten dicht und die Zeitungen stellten ihr Erscheinen ein. Münchner über 18 Jahre bekamen noch 250 Gramm Fleisch in der Woche, Kinder nur 100 Gramm. Am 3. Oktober fiel das National-theater in Schutt und Asche und seit März 1944 bombardierten die Amerikaner München auch bei Tag: Am 24. April wurden zerstört: Altes und Neues Rathaus, Michaelskirche, Alter Peter, Stadtmu-seum, Maximilianeum, Alte Pinakothek und das Hotel Bayerischer Hof. Am 11. Juli: Siegestor, Hauptbahnhof, Theatinerkirche, Glyp-tothek. Nun war das Leben in München völlig zusammengebrochen und der Angriff vom 17. Dezember gab der Stadt noch den Rest. Als nach 74 Luftangriffen im April 1945 die Amerikaner München

Marienhof 1945 mit Gegenüberstellung heute

Der Krieg war zu Ende – und das war die Bilanz:	
6.632	Tote
15.800	Verletzte
300.000	Obdachlose
Total zerstört:	
81.500	Wohnungen
423	öffentliche Bauten
92	Kulturbauten
17	Kirchen
12	Mio. Tonnen Schutt
Einwohner von 824.000 auf 470.000 gesunken	

näher rückten, glaubten Verrückte wie Gauleiter Giesler immer noch an den »Endsieg« und in letzter Sekunde konnte man seine Sprengung aller Isarbrücken verhindern. Am 30. April kam ein Voraustrupp von 100 Amerikanern von Oberföhring aus in die Stadt und richtete in Hitlers Wohnung am Prinzregentenplatz seinen Gefechtsstand ein. General Langendorf kam von Pasing und wurde am Marienplatz von einer Münchnerin mit einem Strauß Schlüsselblumen begrüßt. Karl Scharnagl stöberten die Amis in Glonn auf und setzten ihn am 4. Mai wieder als Oberbürgermeister ein.

Der Alte Peter sollte gesprengt werden   1945

Die Sprengung des Alten Peters war schon vorbereitet: Die vom Krieg übriggebliebene Ruine sollte einem Neubau weichen, doch die beiden Stadtpfarrer Max Zistl und Max Stritter widersetzten sich so heftig, dass es nicht zur Explosion kam und ein Wiederaufbau auf den alten Gemäuern in Angriff genommen wurde. Immerhin ist der Alte Peter die älteste Kirche Münchens und möglicherweise war auch rund ums Petersbergl, einer größeren Aufschüttung im Isarbett, eine der allerersten Ansiedlungen Münchens. Beim Wiederaufbau entdeckte man unter dem Kirchenschiff den sogenannten »Alten Raum« mit einem Altar, dessen Entstehung weit

Turm des Alten Peters

vor die »Gründung Münchens« zurückreichen muss und dessen historisches Geheimnis noch nicht restlos gelüftet werden konnte.

Die Zerstörung im 2. Weltkrieg war nicht die erste Katastrophe, denn bereits beim großen Stadtbrand 1327 wurden große Teile vernichtet. Die ursprünglich zwei Turmspitzen wurden 1607 von einem Blitzschlag zerstört, und erst danach erhielt der Alte Peter seinen heutigen charakteristischen Turm. Aber nicht nur der Blitz schlug ein, auch eine Kanonenkugel steckt heute noch im Gemäuer, abgefeuert 1796 vom Gasteig, von wo aus die Österreicher eigentlich Napoleons Soldaten treffen wollten. In diesen Jahren erhielt das Innere der Kirche vor allem durch Ignaz Günther und Johann Baptist Straub sein heutiges Rokoko-Gesicht.

1954 war der Wiederaufbau nach Kriegszerstörung abgeschlossen und bereits seit 1948 tönt es auf allen Sendern des Bayerischen Rundfunks: »Solang der Alte Peter ...«. Komponiert hat's der Österreicher Carl Lorens, und wer nur den Anfang dieser Münchner Stadthymne kennt, so geht's dann weiter: »... am Petersbergl steht, solang die grüne Isar durch's Münchner Stadterl fließt, solang da drunt am Platzl noch steht das Hofbräuhaus, solang stirbt die Gemütlichkeit zu München nimmer aus!«

Der »Alte Raum« unterhalb des Kirchenschiffs

762.573 Münchner hungern
Zum Leben zu wenig – zum Sterben zuviel   1947

Wer in der Tagesschau die Hungersnöte in den Katastrophengebieten sieht, kann sich schwer vorstellen, dass es ähnliche Bilder einmal in München gegeben hat: 1947 war ein Hungerjahr, wie es in der Geschichte Münchens noch keines gegeben hatte. Die amtliche Tagesration bestand aus 7,1 g Fett, 17,8 g Zucker, 21,4 g Fleisch, 214 g Brot – sofern man überhaupt etwas bekam. Stundenlanges Schlangestehen endete oft mit leeren Händen – das Wenige war eben schnell verteilt. Die tägliche Kalorienmenge wurde von 1550 Kalorien auf 1275 Kalorien gekürzt – zum Leben zu wenig, zum Sterben zuviel. Die 4,5 Gramm Kaffee-Ersatz trieb die Münchner zu seltsamsten Rezepten, so wurde sogar aus gerösteten Efeublättern eine kaffeeartige Brühe gekocht. Kein Wunder, dass man sich in dieser Not auch auf dem Schwarzmarkt etwas Essbares suchte: die Möhlstraße in Bogenhausen war ein berüchtigtes Schwarz-

marktviertel oder die Gegend um den Sendlinger-Tor-Platz, was natürlich auch die Militärpolizei wusste, aber die Münchner nicht abschreckte: lieber einmal verwarnt als einen Tag gehungert. Von den Schulkindern wurden 85 Prozent als völlig unterernährt registriert, da waren die Care-Pakete der Amis nur ein Tropfen auf den heißen Stein.

Behelfsmäßige Unterkunft

Und dann kam der Winter 1947/48, einer der kältesten und längsten seit es Wetteraufzeichnungen gibt: Wasserrohre platzten, Gaskessel froren ein, Kohletransporte wurden geplündert, bevor sie München erreichten. Strom gab es nur noch von 11.30 Uhr bis 13.00 Uhr. Die Selbstmordrate stieg von 10 pro Monat auf 30 Suizide aus Verzweiflung. »Hunger, Verkehrssorgen, fehlende warme Kleidung, Kohlemangel, Schwarzhandel, Stromsperre, Wohnelend und wachsende Kriminalität – das sind die Probleme der deutschen Ruinen-Großstädte«, schrieb Werner Friedmann damals in der Süddeutschen Zeitung.

Die Fotos von Münchens großem Nachkriegsfotografen Rudi Dix, die heute dem Stadtarchiv gehören, konnte dieser nur aufnehmen, weil die Amerikaner einen ortskundigen Fotografen brauchten und ihn daher mit Filmen aus ihren Wochenschau-Kameras versorgten, die zufällig auch in seine Leica passten. So konnte er nicht nur ungehindert in Münchens Ami-Einrichtungen fotografieren, sondern er dokumentierte auch die unvorstellbare Not der Münchner.

Hungernde, frierende und aus der Gefangenschaft heimkehrende Münchner.

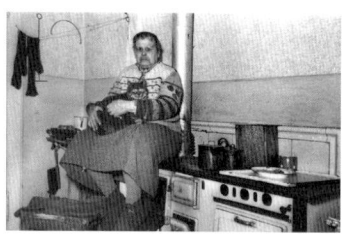

»… würde München gewiß Ehre machen!«

München und seine Künstler

Morisken aus dem Festsaal des alten Rathauses

1480   Geheimnisvolle Moriskentänzer

Die Symbolfigur des neuen Rathauses ist das Münchner Kindl auf der Turmspitze, die Symbolfiguren des Alten Rathauses sind die Moriskentänzer im Festsaal. Während beim Münchner Kindl die Beziehung zur Stadt klar ist, leuchtet sie bei den verkleideten Tänzern, darunter auch ein Afrikaner, auf den ersten Blick nicht ein. Was haben die Moriskentänzer mit München zu tun?

Die ursprünglich 16 Figuren, von denen 10 überlebt haben, sind untrennbar mit dem Rathaussaal verbunden, dem Festsaal der Stadt. 1470 war der alte Bau zu klein geworden und Jörg Halspach, der schon seit zwei Jahren mit dem Bau der Frauenkirche beschäftigt war, durfte das Rathaus erweitern. Der Innenausbau wurde dem Bildschnitzer Erasmus Grasser übertragen, wobei die Moriskentänzer nur ein Detail in der Gesamtkonzeption des geschnitzten Innenraums sind, zu dem auch Wappen, Gestirne und andere Elemente gehören.

Tänze und Lieder heimatloser Menschen, von Arabern, Afrikanern, Juden, Griechen und Türken, tauchen erstmals unter dem Namen »Moreske« in Sizilien und Neapel auf und haben Reisende aus dem Norden stark beeindruckt. Kreuzritter brachten sie vermutlich nach Süddeutschland und Ende des 15. Jahrhunderts tauchen sie erstmals bei Fastnachtsspielen auf. Die Musik dazu ist nicht überliefert, aber man folgert aus den Bewegungen, dass es sich um Springtänze gehandelt haben muss, die zu Flöten und Einhandtrommeln getanzt wurden. Der Moriskentanz ist ein reiner

Männertanz, ein Grotesktanz auf die Torheit der Männer beim Werben um eine Frau, bei dem auch komisch-erotische Sequenzen nicht fehlen dürfen. Die exaltierten Sprünge sind letztlich nichts anderes als der Balztanz eines Pfaus. Kleiderordnung und Standesgrenzen durften im Mittelalter nur zu Fest- und Narrenzeiten durchbrochen werden, der normale Bürger durfte sich dann verkleiden und »sein was er nicht ist«, – wahrscheinlich liegt darin die Idee des genialen Bildhauers Erasmus Grasser, als Narren verkleidete Bürger über den Köpfen der Obrigkeit im Festsaal tanzen zu lassen.

Die Asam-Brüder und der Münchner Barock-Himmel

Kein Bischof, kein Kardinal, kein Herzog, kein Kurfürst, kein Magistrat und auch kein weltlicher Spender stehen hinter dem spätbarocken Meisterwerk in der Sendlinger Straße der Gebrüder Asam, der »Asamkirche«, die eigentlich Sankt Nepomuk heißt. Sie ist die einzige »privat« erbaute Kirche, deren weiß-blau-rot-goldener Münchner Himmel alljährlich Tausende von Touristen zum Staunen bringt.

Die Münchner Künstlerbrüder Egid Quirin (1692–1750) und Cosmas Damian Asam (1686–1739) konnten bis 1730 zwei benachbar-

Cosmas Damian Asam, der Maler

Egid Quirin Asam, der Bildhauer

MÜNCHEN UND SEINE KÜNSTLER

59

Blick in das Gewölbe der Asamkirche

te Häuser in der Sendlinger-gasse kaufen. Egid Quirin war der Bildhauer, Cosmas Damian der Maler. Als die Münchner überlegten, wo in diesem Eck der Stadt eine eigene Kirche gebaut werden könnte, hatten die Asambrü-der die Idee, einen Teil ihrer zwei Häuser in eine Kirche umzubauen. Der Grundstein wurde am 16. Mai 1733 gelegt, dem Fest des Johann Nepomuk, der 1729 heilig gesprochen worden war und von dem die Kirche eigentlich ihren Namen hat: »Johann-Nepomuk-Kirche«, was sich aber damals wie heute kein Münchner merken kann und daher das barocke Pracht-werk immer schon »Asam-Kirche« hieß.

Die Asam-Brüder gehörten zu den vielbeschäftigsten und bedeutendsten Künstlern des Spätbarock, die hauptsäch-lich in Süddeutschland ihre Spuren hinterlassen haben, in München neben der Asamkirche auch in der Dreifaltigkeitskirche gegenüber der Maxburg, St. Anna im Lehel, Heilig-Geist-Kirche, Damenstiftkirche und natürlich im Schloss Schleißheim. Ein fast überirdisches Meisterwerk der beiden ist auch die Klosterkirche Weingarten am Bodensee, um nur ein Beispiel von außerhalb Münchens liegenden Asam-Werken zu nennen. Die Münchner Asamkirche bleibt dennoch ungeschlagen, vielleicht ist ihre Schönheit mit dem ursprünglichen Wunsch der beiden tief religiösen Brüder zu erklären, in ihrem Lebenswerk auch die ewige Ruhe zu finden – ein Wunsch, der aber keinem von ihnen erfüllt wurde: Cosmas Damian liegt unterm Gehsteig vor der Frauenkirche begraben, was damals noch Friedhofsgelände war und Egid Quirins Grab ist in Mannheim.

Wolfgang Amadeus Mozart: »Ich würde München gewiß Ehre machen«

1777

Wolfgang Amadeus Mozart war acht Mal in München. Das erste Mal 1762, als sechsjähriges »Wunderkind«, wurde er »mit Beifall überschüttet«. Das letzte Mal 1790, ein Jahr vor seinem Tod, quartierte er sich bei seinem Freund Franz Albert, dem Wirt des »Schwarzen Adler« in der Kaufingergasse ein (Eckhaus neben heutigem Hirmer, das zur Frauenkirche führt).

Die Besuche dazwischen waren für ihn enttäuschend: Mozart wäre gerne mit dem Kurfürstlichen Hof ins Geschäft gekommen, er hätte gerne Salzburg gegen München getauscht, denn das Leben und die Stadt hat ihm prächtig gefallen – »hier bin ich gern«, schrieb er dem Vater – aber für Mozart war auf dem Amtswege einfach keine Stelle frei!

Er bewarb sich 1777 bei Kurfürst Max III. Joseph so banal, wie sich heute jeder Arbeitsplatzsuchende auch bewirbt, und hätte der Kurfürst nicht so bürokratisch nach der

Hausrelief in der Mozartstraße

Aktenlage entschieden, wäre München auch eine »Mozartstadt« geworden: »Ich bin schon Dreymal in Italien gewesen, habe 3 Opern geschrieben, bin Mitglied der Academie in Bologna, habe müssen eine Probc ausstehen wo viele Maestri 4 bis 5 Stund gearbeitet und geschwitzet haben, ich habe es in einer Stunde verfertigt. Das mag zur Zeugniss dienen, das ich imstande bin in einen jeden Hofe zu dienen.« Darauf sein Arbeitgeber, der Kurfürst: »Ja mein liebes Kind, es ist keine Vacatur da, mir ist leid!« Mozart: »Wenn nur eine Vacatur da wäre! Ich versichere Eur Durchlaucht: ich würde München gewiß Ehre machen!«

Ein bisschen Ehre durfte er München doch noch machen, wo er sich »an seinem Bier delektieret« und mit allen Biergartengästen »primo amusieret«: 1775 wurde »Die Gärtnerin aus Liebe« und 1781 »Idomeneo« im Cuvilliestheater uraufgeführt. Heute erinnert ein schönes Relief in der Mozartstraße bei der Theresienwiese an den genialen Komponisten, der gerne ein Münchner geworden wäre.

1786 Geheimrat Goethe geheim in München

Johann Wolfgang Goethe war nur ein einziges Mal in München und dann auch noch unter einem falschen Namen: Als »Jean Philipp Möller« schrieb er sich am 6. September 1786 im »Schwarzen

Adler« in der Kaufingergasse ein, als er von Karlsbad kommend auf seiner Reise nach Italien einen Zwischenstopp einlegte. Er wollte unerkannt bleiben, denn seit seinem Bestseller »Die Leiden des jungen Werther« war er einerseits über Nacht zum berühmten Schriftsteller geworden, andererseits erregten die vielen Selbstmorde junger Leute riesiges Aufsehen, da man Goethe und seinem Werther indirekt die Schuld an

Scherenschnitt der Ickstatt

diesen spektakulären Todesfällen gab. Also ging er auf Tauchstation.

Auch München war durch einen Freitod erschüttert: Am 14. Januar 1785 stürzte sich die 17-jährige Fanny von Ickstatt aus Liebeskummer vom Nordturm der Frauenkirche und war auf der Stelle tot. Goethes Gasthof lag unterhalb des Domes, und da war er aber dann doch so sensationslüstern, um gleich nach seiner Ankunft die 420 Stufen »auf den Turm von dem sich die Fräulein herabstürzte« hinaufzusteigen, um aus dem Fenster zu schauen, aus dem die unglückliche Fanny sprang. Er sah aber nur die »Tyroler Berge«, »sie waren bedeckt und der ganze Himmel überzogen«.

Er besuchte eine Gemäldegalerie und ein Naturaliencabinett, kaufte sich bei einer Standlfrau frische Feigen für 3 Kreuzer das Stück, was er korrekt in seinem Tagebuch vermerkte und hinterließ uns aus seiner Dichterfeder auch noch einen Wetterbericht für den 9. September 1786: »Man klagt überall über Kälte und Nässe. Ein Nebel, der für einen Regen gelten konnte, empfing mich heute früh vor München, den ganzen Tag blies der Wind sehr kalt vom Tyroler Gebirg, der Himmel war bedeckt.«

Goethe hatte mit München nicht viel am Hut, sein geheimer Aufenthalt war auch sein letzter in München. Sogar König Ludwig I. gab er mehrmals einen Korb, als dieser ihn immer wieder nach München einlud, »mit offenen Armen soll der Erhabene in München empfangen werden!« Doch der Erhabene ließ sich in München nie mehr blicken.

Der »Arme Poet«, eines der bekanntesten Gemälde Deutschlands

Wer war Spitzwegs »Armer Poet«?

Als Carl Spitzweg 1839 seinen »Armen Poeten« den Münchnern zeigte, fiel das Bild beim Publikum total durch und er war so niedergeschlagen, dass er fortan nicht mehr mit vollem Namen signierte. Heute ist der »Arme Poet« nach der Mona Lisa das bekann-

teste Gemälde in Deutschland und hängt als Publikumsmagnet in der Neuen Pinakothek.

Wer war der arme Poet? Hat er wirklich gelebt? Oder ist er eine Phantasiefigur des Malers?

Wo war die Dachstube, durch die es hineintropfte? In der Schaffensperiode Spitzwegs bis zum Gemälde 1839 ist

Carl Spitzweg

Mathias Etenhueber

in München kein »armer Poet« in Erscheinung getreten, aber eine Generation davor lebte und wirkte ein stadtbekannter armer Dichter, der sogar in die Schriften des Historikers Lorenz von Westenrieders einging und die Spitzweg mit Sicherheit kannte: Es war Mathias Etenhueber, der sich »kurfürstlicher Hofpoet« nennen durfte, aber keinerlei materielle Unterstützung durch den Hof erfuhr.

Etenhueber wohnte in einer Dachkammer Frauenplatz Nr. 12 gegenüber dem Dom mit schrägen Wänden wie auf dem Gemälde. 1720 in München geboren, besuchte er die Lateinschule (das Buch vor dem Poeten heißt »Gradus ad Parnassum«), er schrieb Gelegenheitsdichtungen, doch was er damit verdiente, war zum Leben zu wenig und zum Sterben zuviel.

Das stärkste Indiz, dass Spitzweg Etenhueber gemeint haben dürfte, sind die Verse, die der Poet über sich selbst geschrieben hat und die Spitzweg wörtlich gemalt hat: »Was nützt euch aller Witz, wenn ihr bey trüben Tagen nach einem Stücke Brot müßt wie ein Windhund jagen, wenn euch kein Mäzenat mit Nachdruck unterstützt, wenn ihr im Schlamm der Noth bis an die Ohren sitzt. Schreibt Bücher! sagt man euch, wer aber gibt indessen, indem ihr eines schreibt, dem Maule was zu essen?« Auf dem Gemälde muss sich der arme Poet mit seinen eigenen Manuskripten einheizen, Etenhueber schreibt: »Da mich nun abermahl der Holzmangel drücket und der von Winterfeld mir zu Leibe rücket und mir beynah das Maul vor Kälte zugefrührt, das Kleid und Zimmer sind in unhaltbarem Stand, so fleh ich wie Ovid in rauhem Scyter Land Dich um Barmherzigkeit, um Holz und Kleidung an!«

Lorenz von Westenrieder schrieb, Etenhueber »ward zuletzt ein Gegenstand der Dürftigkeit und des einzelnen Mitleids.« Er starb völlig verarmt mit 62 Jahren 1782 im Spital der Barmherzigen Brüder.

1857   Künstlerfasching – einfach königlich!

München war vor 150 Jahre nicht nur eine Kunststadt, sondern vor allem eine Künstlerstadt mit einer Heerschar von Malern, Bildhauern und Kunsthandwerkern, die heute in keinem Künstlerlexikon mehr auftauchen. So schwierig es für sie war ihre Existenz zu sichern, so gerne haben sie gefeiert: Leben und leben lassen – und wo ging das besser als unter seinesgleichen in München, wo sie oft nur Zulieferer und Mitarbeiter der großen Künstler waren, die unter den Königen Ludwig I. und Max II. die Stadt umkrempelten und neu gestalteten.

Die großen Künstlerfeste im Fasching wurden meist unter ein bestimmtes Motto gestellt, wie das 1846 im königlichen Odeon gefeierte »Dürer-Fest« oder das 1852 als Huldigung an die Blumenfreundin Königin Marie abgehaltene »Blumenfest«. Alle Da-

Die frühesten Fotografien des Münchner Faschings:
Ballbesucher des Rubensfestes 1857, aufgenommen von Franz Hanfstaengl

men mussten sich als Blumen verkleiden und die Festansprache bestand natürlich nur aus blumigen Worten. Im Jahr darauf feierte man als »Rattenfänger von Hameln«, wobei Opernintendant von Perfall als Rattenfänger auftrat und eigens einen Rattenfänger-marsch komponierte.

Der aufwändigste und prunkvollste Faschingsball des 19. Jahr-hunderts aber war das »Rubensfest« im Fasching 1857, das von den drei Künstlervereinigungen »Stubenvoll«, »Künstler-Sänger-verein« und »Jung-München« am 14. Februar veranstaltet wurde. Die Maler Moritz von Schwind, Carl von Piloty und Heinrich von Pechmann organisierten das »saftvolle und üppige niederländische Volksleben«, für das der Maler Eugen Adam die Kostüme entwor-fen hatte.

Über 2000 Gäste kamen als Niederländer verkleidet ins königli-che Odeon, darunter König Max und Königin Marie, König Lud-wig I. und der gesamte Hofstaat und »trotz der großen Menschen-masse ist nicht der geringste Unfall vorgekommen«, wie eine Zeitung berichtete. Und noch einer war dabei: Der Fotograf Franz Hanfstaengl, dem wir diese frühesten Fotografien des Münchner Faschings verdanken.

Streng geheim: Malerfürst Lenbach war auch Fotograf! 1897

Nach dem Tod des Malerfürsten Franz von Lenbach fand man in seinem Nachlass 6500 Glasnegative mit Portraits fast aller Promi-nenten seiner Zeit, die sich vom großen Portraitisten Münchens in Öl auf Leinwand verewigen ließen: von Richard Wagner über Papst Leo XIII. bis zum Reichsgründer Bismarck: alle saßen sie statt neben der Malerstaffelei vor seiner hinter einem schwarzen Samt-vorhang versteckten Kamera! Und alle machten sie das geheime Spiel mit: Statt tagelang Modell zu sitzen, ließen sie sich in Sekun-denschnelle ablichten! »Ihr helft dem Maler, dem Portraitisten ver-schwiegen aus – wenn sie's nur müßten, warum die Ähnlichkeit so frappant, die ihn gesucht macht und bekannt!« dichtete Fotograf

Oscar Consée auf einem Münchner Fotografenball 1899: die Branche wusste es also, aber für alle andern war die Knipserei des Malerfürsten tabu. Papst Leo XIII. fand Lenbachs Gemälde zwar schön, völlig hingerissen aber war er von des Malerfürsten Lichtbilder: »Welch herrlich Bild malt Zug um Zug der Sonne Strahl mit Pfeiles Flug! Oh Wunderwerk, oh Zauberpracht, vom Menschengeiste tief erdacht!« Kein Papst schrieb ein schöneres Gedicht auf die Fotografie und wer im Vatikan auf die Decke der »Galleria dei Candelabri« schaut, sieht einen Engel mit einer Kamera herumfliegen: Domenico Torti musste ihn im Auftrag des Foto-Papstes dazumalen. Lenbach war mit seiner Leidenschaft nicht allein, auch der andere Malerfürst mit seiner Villa auf der anderen Isarseite, Franz von Stuck, knipste munter drauflos und sogar sich selbst mit Selbstauslöser als Aktmodell. Beim bekannten Gemälde seiner Tochter Mary ist nach seinem Tod sogar der Papierabzug mit den durchgepausten Linien gefunden worden und auch der Schnappschuss des

Zamperls unten im Bild hat überlebt. »Ich finde es für ein Zeichen der Zeit, dass so schamlos geoffenbart wird, dass Maler zugleich Photographen sind«, schrieb der Historiker Dr. Karl Voll 1897 an einen anderen Münchner Maler, Max Slevogt, nichtsahnend, dass Slevogt gerade ein neues Maleratelier mit Dunkelkammer suchte ....

Lenbach mit Familie,
Foto mit Selbstauslöser
und das danach gemalte Bild

Königliche
Haupt- und Residenzstadt

König Max ohne Krone

200 Kanonenschüsse donnerten am 1. Januar 1806 über die Dächer von München und gleichzeitig läuteten eine Stunde lang alle Kirchenglocken in der Stadt: Um 10 Uhr Vormittag verkündete Kurfürst Maximilian in der Residenz im kleinen Kreis, dass er den Königstitel angenommen habe. Und das war's dann schon: Bayern war jetzt ein Königreich und München die Königliche Haupt- und Residenzstadt. Doch König Max I. war vorläufig mal ein König ohne Krone: die musste erst in Paris bestellt werden und hatte eine Lieferfrist von über einem Jahr. Es ging damals eben alles rasend schnell, nachdem sein Minister Montgelas 1805 Bayern aus der Allianz mit Österreich und Russland herausgelöst und eine neue mit Frankreich geschmiedet hatte. Der Dank Napoleons war die Königswürde. Er war mit seiner Josephine natürlich auch in München, zumal am 13. Januar sein Stiefsohn eine Tochter des neuen Bayernkönigs heiratete.

König Max war das totale Gegenstück zu seinem unbeliebten Vorgänger in der Residenz, Kurfürst Karl Theodor: Auf seinen Spa-

ziergängen in der Stadt kam der ungezwungene und natürliche Monarch mit allen Schichten der Bürger ins Gespräch, »Leben und leben lassen« scheint sein Motto gewesen zu sein und viele Anekdoten zeugen von ein überall beliebten Regenten. Die unpopulären Maßnahmen und Reformen ließ er seinen Minister

König Max I. Joseph

Montgelas durchführen, zum Beispiel die Steuerpflicht für alle und die Auflösung zahlreicher Klöster und Kirchen, die »Säkularisation«.

Die Krönung seiner Regentschaft war die Bayerische Verfassung von 1818, die natürlich auch die

Die bayerische Königskrone, nie getragen

Handschrift Montgelas trägt. Kronprinz Ludwig konnte diesen Minister und seine politischen Ansichten nie ausstehen und bedrängte Max I. so lange, bis er diesen 1817 entließ, Montgelas hatte seine Pflicht getan, jetzt durfte er gehen. 1825 starb Bayerns erster König und wurde in der Theatinerkirche beigesetzt.

König Ludwig I. gibt München ein neues Gesicht

1825

Kein anderer Herrscher hat das Gesicht Münchens so geprägt wie König Ludwig I. Es stimmt das Sprichwort, dass München zwei Mal gegründet wurde: von Herzog Heinrich dem Löwen und von König Ludwig I. In der Nacht vom 14. auf den 15. Oktober 1825 weckte ein hoher Militär in Bad Brückenau den 39-jährigen Kronprinz Ludwig mit der Anrede »Majestät« und Ludwig wusste, was dies bedeutete: sein Vater König Max I. war gestorben und jetzt war er an der Reihe. »Wie schwer fällt mir's das stille Leben zu verlassen, um König zu sein«, schrieb er später.

Das wahre Leben am Hof lernte er nicht in München, sondern ein halbes Jahr lang bei Napoleon 1806 in Paris, dem Bayern die Königswürde verdankte. Als Kronprinz war sein einziger politischer Einfluss, seinen Vater zur Entlassung des Reform-Ministers Montgelas zu überreden. Aber auf das Stadtbild Münchens war

König Ludwig I. – links Daguerreotypie, rechts Stieler-Gemälde

sein gestalterischer Eingriff schon größer, wenn auch sehr klug versteckt: Die Idee einer großen Prachtstraße ließ er den renommierten Leo von Klenze beim Papa als die Idee des Architekten vortragen, und der war begeistert. Die Bavaria, die Bauten am Königsplatz, das Siegestor – alles war schon zur Kronprinzenzeit erdacht und vorgeplant, aber jetzt erst hatte Ludwig die Macht, seine Ideen auszuführen. Voraussetzung waren fähige Künstler, die von seinen Plänen in Scharen angelockt wurden. Darunter waren viele, die in der revolutionären Technik der Fotografie arbeiteten, deren Bilder damals noch »Naturselbstcopie« oder »Sonnendiebstahlsmalerei« hießen, da sich der Begriff »Fotografie« erst langsam einbürgerte. Der französische Fotografie-Erfinder Louis Jacques Daguerre schenkte im Oktober 1839 König Ludwig I. als Beweis seiner Erfindung drei »Daguerreotypien«, seine Technik der Fotografie auf Kupferplatten. Der König war begeistert und veranlasste die Aufnahme Daguerres in die Akademie der Wissenschaften. Um 1840 fotografierte ein unbekannter »Daguerreotypist« ein Portrait des Königs, das aber im 2. Weltkrieg zerstört wurde. Erst heute gibt eine stark vergilbte Fotoreproduktion digital verstärkt ihr Geheimnis preis: Ludwigs Hofmaler Josef Stieler malte das bekannteste Portrait des Königs nicht »nach dem Leben«, sondern bis in die letzte Locke haargenau nach dieser hier erstmals veröffentlichten Fotografie.

»Majestät: Wer ko, der ko!«

»Fuhrwerke und Reiter dürfen den zu Wagen oder Pferde befind-
lichen Mitgliedern des Königlichen Hauses nicht vorfahren oder
vorreiten. Begegnen sich Fuhrwerke oder Reiter Seiner Majestät
dem Könige oder Ihrer Majestät der Königin, so haben sie rasch auf
die Seite zu fahren oder zu reiten und so lange zu halten, bis Ihre
Majestäten vorüber sind.« So lautet Artikel 145/1 des bayerischen
Polizeistrafgesetzbuches »Über das Ausweichen der Reiter und
Fuhrwerke auf öffentlichen Straßen«, also der königlich-bayerischen Straßenverkehrsordnung von 1834. An dieses Überholverbot
haben sich alle gehalten, bis auf einen einzigen Übeltäter: Die
unglaubliche Frechheit geschah mitten im Englischen Garten, als
ein Lohnkutscher – heute heißt das Taxifahrer – von hinten mit
einem Affenzahn an die gemächlich dahintrabende Kutsche Seiner
Majestät König Ludwigs I. wie ein Autobahndrängler auffuhr. Auf
der Königskutsche steckte eine weithin sichtbare goldene Krone, so
ähnlich wie das Blaulicht auf dem Seehofer-BMW. Dem Kutscher
war das aber wurscht, und er attackierte das Vierergespann des
Königs mit seinem Zweispänner unverdrossen durch unverschämtes Auffahren zum Schnellerfahren. Als die Sicht nach vorne endlich frei war, und auch kein Baum mehr im Weg stand, riss dem
Lohnkutscher die Geduld, er zog seine Pferde in die Wiese und don-
nerte seitlich an der Kutsche Seiner Majestät vorbei! Vor dem völlig verschreckt aus dem Fenster blickenden König Ludwig I. zog er
ganz höflich seinen
Hut und schrie ihm
hinüber: »Majestät,
wer ko, der ko!« und
verschwand mit sei-
nem Rennwagen hin-
ter einer Staubwolke.

*Im Durchgang des Karlstores
wurde Xaver Krenkl dieses
kleine Denkmal gesetzt.*

Das Ölgemälde Krenkls aus dem Jahr 1840 von Ferdinand Wagner hatte Karl Valentin aufgestöbert und 1929 an das Stadtmuseum verkauft.

Die Personalien des Verkehrsrowdys waren Seiner Majestät allerdings längst bekannt: Es handelte sich um den 1780 in Landshut geborenen Pferdehändler und Lohnkutscher Franz Xaver Krenkl, einer der Organisatoren des Pferderennens von 1810 anlässlich der Hochzeit des Königs, also der Geburtsstunde unseres Oktoberfestes. Der König verzichtete daher auf eine Bestrafung, revanchierte sich aber ein paar Tage später: Vor Krenkls Haus ließ er seinen Vierspänner einen ganzen Tag lang vor der Einfahrt parken, so dass Krenkls Pferdetaxi nicht rausfahren konnte. Der seitdem berühmteste bayerische Zauberspruch gilt nämlich auch für Könige: »Wer ko, der ko!«

1838 Der Zither-Maxl auf der Cheopspyramide

»Dieser Herr Schwager!« hat König Ludwig I. kopfschüttelnd ausgerufen, als er im Jahre 1840 seinen Schwager Herzog Max in Bayern als Artist in dessen Privatzirkus auftreten sah. Herzog Max war der populärste Wittelsbacher in München. Er scherte sich einen Teufel um Konventionen und Etikette, hatte neben seinen acht ehelichen Kindern mindestens noch zwei uneheliche von bürgerlichen G'spusis, er komponierte, dichtete, spielte virtuos auf der Zither, was ihm den Spitznamen »Zither-Maxl« einbrachte, und stand als »König Artus« einer Münchner »Tafelrunde« von bürgerlichen »Rittern« aus der Münchner Künstlerschaft vor, die in seinem

Palais in der Ludwigstraße (an der Stelle der heutigen Bundesbank) rauschende Feste feierte. Die Kuriosität des von Klenze erbauten und im Krieg zerstörten Palais war ein Zirkuszelt im Innenhof, in dem seine Töchter Sisi (Kaiserin von Österreich), Sophie (Verlobte Ludwigs II.) und Marie (Königin von Neapel-Sizilien) das Reiten gelernt haben. Max machte leidenschaftlich Fernreisen wie 1838, als er mit seinem Hofmusikus Johann Petzmeyer nach Ägypten fuhr. Sie bestiegen die Cheopspyramide und kletterten auf deren Gipfel, sangen und spielten dabei auf der Zither bayerische Schnaderhüpfl. In Kairo kaufte er auf dem Sklavenmarkt vier Schwarze frei, die er nach München mitnahm und vom Erzbischof in der Frauenkirche taufen ließ. Unter den Pseudonymen »Philippus Bavaricus« oder »Phantasus« schrieb er unterhaltsame Novellen und die bekannten »Oberbayrischen Volkslieder mit ihren Singweisen«. Die Lebensfreude des zitherspielenden Herzogs gefiel den Münchnern genauso wie seine demokratischen Ansichten, die er sogar in anonymen Zeitungsartikeln verbreitete und von denen aber jeder wusste, von wem sie stammten. Die Verwandtschaft runzelte die Stirn: Max ließe seine Töchter »verwildern«, sie können zwar reiten wie Zirkusartisten, seien aber zu keinem small talk in französischer Sprache fähig. Als die Hochzeit von Sisi mit dem Kaiser von Österreich bevorstand, »verleugnete man sogar die Existenz des Herzogs so gut es ging«, denn man fürchtete, er könnte mit seinen witzigen Einfällen das Protokoll durcheinanderbringen. Ein Mönch aus dem Kloster Tegernsee prophezeite damals der Sisi, ehe hundert Jahre vergangen sind, wäre ihr gesamter Stamm erloschen. Genauso ist es geschehen: Von der großen Familie gibt es keine Nachkommen mehr – nur durch Adoption lebt der Titel »Herzog in Bayern« bis heute fort.

Herzog Max mit seiner Zither

Die Pin-up-Girls Seiner Majestät

»Ein Wittelsbacher liebt die Frauen«, schrieb König Ludwig I. und kein anderer Wittelsbacher wird mit so vielen Affären in Verbindung gebracht wie er. Kein Wunder also, dass sich um die Gemäldesammlung der 37 schönen jungen Münchnerinnen, die heute in Schloss Nymphenburg hängt, die wildesten Gerüchte ranken – hat er nun mit allen etwas gehabt oder nur mit einigen und wenn ja mit welchen? Sein Anbandeln lief immer nach dem gleichen Muster ab: Hofmaler Josef Stieler bekam den Namen, manchmal auch eine Liste mit Namen der Seiner Majestät ins Auge gefallenen jungen Damen und Stieler hatte den Wunsch des Königs bei den Auserwählten und ihren Eltern vorzubringen. Für die Eltern war es nicht einfach, den königlichen Wunsch auszuschlagen, wie sollte auch ein Beamter ohne Gefährdung seiner Karriere den Gang seiner Tochter ins Stieler-Atelier verbieten? Der König war natürlich Dauergast bei den Sitzungen, und da kam man sich schnell näher ... und nicht jedes schüchterne Bürgerstöchterlein konnte so forsch auf seine Annäherungsversuche reagieren wie Maximiliane Borzaga, die den König einfach aus dem Atelier warf – manche Quellen sprechen sogar von einer Watschn auf des Königs Wange.

Die bekanntesten Gemälde sind das Portrait der Lola Montez und das der 20-jährigen Helene Sedlmayr, die zum Inbegriff der

»Schönen Münchnerin« wurde. Der König war nicht nur in die schöne Helene, sondern auch in ihr Gemälde verknallt: »Bist nicht gemalt! Du bist es selbst, Du lebst! Die Augen, liebeschwimmend sehn mich an!« Die höchsten Liebesbezeugungen erfuhr allerdings Ludwigs alte Jugendfreundin

Hofmaler Josef Stieler

Die Schönheitengelerie – 36 schöne Münchnerinnen (hier ohne die Sedlmayr)

Mariannina Florenzi, die er 1821 in Rom kennengelernt hatte und die von ihm einen Sohn und eine Tochter hatte. Sage und schreibe 2943 Briefe gingen an die Angebetete, die ihn nur einmal barsch zur Gemälde-Ordnung rief: Sie verbat sich auf das heftigste, dass ihr Portrait neben das der Lola Montez gehängt wird!

Lola und
der Vesuv-Ausbruch des Königs

Am 5. Oktober 1846 traf im Hotel »Zum Bayerischen Hof« eine »Senora Maria de los Dolores Porris y Montez« ein und gab sich als spanische Tänzerin aus. In Wirklichkeit hieß sie Elisabeth Rosanna Gilbert, stammte aus Irland und niemand konnte ahnen, dass sie in den folgenden Monaten das Münchner Leben auf den Kopf stellen und Bayerns König Ludwig I. zur Abdankung treiben würde. Sie meldet sich beim Hoftheater als Tänzerin an, wobei es üblich war, erst beim König »vorzutanzen«, was am 7. Oktober auch geschah. Ab diesem Tag wird es schwer, Legenden von der Wirklichkeit zu trennen, die bei Lola und Ludwig gigantische Ausmaße angenommen hatten, bis hin zu einer »heimlichen Hochzeit« 1856. Wenn nicht wahr, dann sicher gut erfunden und sogar von Leo von Klenze überliefert ist die Geschichte ihrer ersten Audienz beim König, der Zweifel geäußert haben soll, ob unter ihrem engen Mieder auch »alles echt« sei. Da nahm Lola einen Brieföffner, machte »ratsch« und um »Mi muy querido Louis«, wie sie Ludwig fortan in 175 Briefen anreden durfte, war's geschehen: »Ich kann mich mit dem Vesuv vergleichen, der für erloschen galt, bis er plötzlich wieder ausbrach«, schrieb der 60-jährige König an Heinrich von der Tann.

*König Ludwig I.
fotografiert von
Franz Hanfstaengl*

Lola Montez, Gemälde aus der Schönheitengalerie

Wer die Briefe und Dokumente Ludwig/Lola liest, dem fällt nur ein Sprichwort ein: »Liebe macht blind« und nur damit lässt sich der weitere Lauf der Geschichte erklären. Damit Lola in München bleibt, bekam sie eine Villa in nobelster Umgebung, Barer Straße 7, livrierte Bedienstete, eine Leibrente, das Heimat- und Wohnrecht, die Erhebung zur Gräfin, eine Verfügung im königlichen Testament und fürs Shopping in der Stadt eine Kutsche mit Königskrone. Hofmaler Josef Stieler musste sie für die Schönheitengalerie malen, aber nach des Königs Meinung malte er sie nicht jugendlich genug: »Ihr Pinsel wird alt«, sagte er zu Stieler, und der nicht auf den Mund gefallen: »Für einen alten Pinsel schön genug!« Der Honeymoon des ungleichen Paares hatte damals seinen Zenit schon erreicht und ein schreckliches Ende kündigte sich an, das zwei Jahre später mit der Flucht Lolas und des Königs Abdankung erfolgte.

Ein Palast des Unglücks – 3000 Cholera-Tote nach Glaspalast-Eröffnung!

Die »Erste Deutsche Industrieausstellung« im neuerbauten Münchner Glaspalast mit seiner sensationellen Glas-Eisen-Architektur im Alten Botanischen Garten sollte im Sommer 1854 ein fröhliches Fest mit Gästen aus aller Welt werden – und endete in einer Katastrophe: Kurz nach der Eröffnung am 15. Juli 1854 brach die Cholera aus. Unter den 3000 Toten das prominenteste Opfer: Königin Therese, die Gemahlin König Ludwigs I. Die Ausstellung wurde geschlossen und nach Abklingen der Seuche mit mäßigem Erfolg weitergeführt.

König Max II. wollte München zu einem progressiven Wirtschaftsstandort ausbauen und zum bedeutendsten Messestandort Deutschlands machen. Zur Lösung sozialer Probleme unterstützte er alle Anstrengungen der Industrialisierung Bayerns, das bisher größtenteils nur von der Landwirtschaft lebte. Nachdem er 1851 den Londoner Crystal Palace gesehen hatte, stand sein Entschluss fest: So was brauchen wir auch in München!

Der Architekt der Schrannenhalle, August Voit, zog in der kurzen Bauzeit von 9 Monaten das 200 Meter lange Gebäude in die Höhe, was von Anfang bis zur Eröffnung von Franz Hanfstaengl verewigt wurde und der damit eine der ältesten Fotoreportagen der Welt

Glaspalast bei der Eröffnung Juli 1854

schuf. Ganz aktuell präsentierte er sie gleich als Dokumentation auf seinem eigenen Ausstellungsstand.

Mit einer Katastrophe wurde der Glaspalast eröffnet, mit einer Katastrophe ging er zugrunde: Nachdem er jahrzehntelang für Kunstausstellungen und Veranstaltungen jeder Art genutzt wurde, stürzte er in der Nacht zum 6. Juni 1931 während eines Großbrandes in sich zusammen und vernichtete in seinen Flammen über 3000 Gemälde, darunter fast alle bedeutenden Werke der Deutschen Romantik. Heute ist nichts mehr von ihm zu sehen, und wo er einmal stand, plätschert jetzt ein großer Brunnen.

Erste Gehsteige nach Überreiten von Fußgängern 1855

»In neuerer Zeit sind wiederholte Beschädigungen von Personen durch Überfahren und Überreiten vorgekommen«, meldete am 6. September 1855 die königliche Polizei-Direktion. »Die genaue Constatierung hat ergeben, daß solche Unglücksfälle nicht durch Unachtsamkeit der Kutscher veranlaßt ist, sondern ihren Grund in der Sorglosigkeit hat, mit welcher das Publikum sich ohne alle Rücksicht auf die Wagen und Reiter mitten in der Fahrstraße bewegt.« In diesen Jahren scheint das weltbekannte Münchner Verkehrschaos der 1950er Jahren ihren Ursprung gehabt zu haben, in denen der Stachus »der verkehrsreichste Platz Europas« geworden ist. Um die Fußgänger vor dem immer stärker werdenden Fahrverkehr zu schützen, wurden 1855 die ersten Gehsteige in Münchens Straßen angelegt. Sie hießen aber nicht so, denn Münchens Zweitdialekt war damals noch reinstes Französisch, schließlich hatte Napoleon Bayern zum Königreich erhoben. Das Klo hieß eben »Pissoire« und der neumodische Gehsteig »Trottoir«: »Ebenso sieht sich die Polizeidirektion veranlasst, das Publikum zu größerer Aufmerksamkeit aufzufordern, welche durch die jetzt allenthalben neu hergestellten Trottoirs umso leichter eintreten kann.« Großen Ärger machten aber auch die ersten Münchner Verkehrsrowdys: »Insbesondere wird darüber geklagt, dass die Führer von Fuhrwerken nicht in vorschriftsmäßiger Weise

Stachus 1870 mit den neuerfundenen Gehsteigen bei starkem Verkehrsaufkommen

ausweichen, sondern entgegenkommende Reiter in brutalster Weise mit groben Ausdrücken begegnen.« Beschimpfungen im Münchner Straßenverkehr haben also eine lange Tradition. Das größte Übel aber war das damalige »Hupkonzert« in der Innenstadt: »Die Führer von Fuhrwerken machen es sich förmlich zur Aufgabe, durch das unausgesetzte Peitschenknallen groben Unfug an öffentlichen Orten zu verüben. Der Artikel 60 des Polizeistrafgesetzes verbietet solchen Unfug.« Schließlich ging es auf Münchens Straßen so saugrob zu, dass »die Polizei-Organe angewiesen sind, renitente Wagenführer anzuzeigen und dieselben, wenn sie nicht im Stande sind sich zu legitimieren, festzunehmen und der königl. Polizei-Direktion vorzuführen.« Geholfen hat die Maßnahme bis heute ja nix ...

1856 König Max II. und die ungeliebten Nordlichter

»Diese Nordlichter!« – Diese nicht gerade schmeichelhafte Umschreibung von »Diese Preißn« wurde vor 150 Jahren populär und gemeint waren die »geistigen Leuchten«, die König Max II. nach München berufen hatte und die alle nördlich des Weißwurstäquators entstammten, womit also nicht nur »Preißn« gemeint waren.

Diese »Berufenen« blieben Fremdkörper in der Stadt, überschüttet mit Neid und Spott. Abgesondert vom öffentlichen Leben blieben sie im »Sonderkabinett für Bildung und Wissenschaft« unter sich und sorgten durch ihre Zusammenkünfte mit dem König in der

König Max II. und seine Nordlichter (alle Fotos Franz Hanfstaengl)
Oben: Justus von Liebig / Heinrich Sybel / Paul Heyse
Mitte: Friedrich von Bodenstedt / König Max II. / Oscar von Redwitz
Unten: Emanuel Geibel / Wilhelm Heinrich Riehl / Wilhelm von Dönniges

Residenz, den berühmt-berüchtigten »Symposien«, für jede Menge Klatsch und Tratsch. Niemand wusste, was die da drinnen trieben. Kamen interessante Gäste wie Hans Christian Andersen oder Theodor Fontane, dann erzählten diese erst danach, dass sie dabei waren, aber sonst nix.

Der einzige Bericht über den Ablauf dieser Tafelrunde stammt vom Historiker Heinrich Riehl: Im Rokokozimmer versammelte man sich bei Brotzeit und Zigarre, hörte einen Vortrag über Gott und die Welt und dann gings in den Billardsaal: »Hier bildeten sich Gruppen, man ging auf und ab und der König sprach mit Einzelnen unter vier Augen.« Gäste, die sich über lange Spielpausen wunderten, »merkten freilich nicht, dass inzwischen ein weittragendes Unternehmen beschlossen worden war.«

Nur wenige Nordlichter waren wirklich »große Lichter« wie Justus von Liebig, der Erfinder des Suppenwürfels. Von Deutschlands erstem Literaturnobelpreisträger Paul Heyse kennt man nur die nach ihm benannte Paul-Heyse-Unterführung und von Emanuel Geibel ist noch das Volkslied »Der Mai ist gekommen« geläufig. Der meistgehasste unter den 55 Nordlichtern war Wilhelm von Dönniges. Mit Hilfe des preußischen Gesandten wollte er den bayerischen Außenminister stürzen, doch der Putsch flog auf und Dönniges flog aus der Tafelrunde.

1858   Königsschmarrn auf der Blumseralm

Drei der berühmten »Nordlichter« mussten sich einmal sportlich betätigen, um König Max II. als literarische Gesellschafter zur Verfügung zu stehen. 1858 durften Wilhelm Heinrich Riehl, Friedrich von Bodenstedt und Paul Heyse seine Majestät fünf Wochen lang auf einer sogenannten »Fußreise« von Lindau nach Berchtesgaden begleiten. Von den 225 Stunden, die dabei »wandernd« zurückgelegt wurden, waren »etwa 150 geritten, 60 gefahren und 15 gegangen worden. Könige gehen eben anders zu Fuß wie gewöhnliche Leute«, schrieb Riehl über seine Wanderschaft. Natürlich war auch die gesamte Hofküche auf »Fußreise« und sie marschierte immer einen halben Tag voraus, damit sogleich aufgetischt werden konnte.

Gemälde von Philipp Foltz: Max II. mit Jagdgesellschaft und Hofküche 1858,
so dürfte es bei der »Fußreise« im selben Jahr ausgesehen haben.

Gespeist wurde in Kuhställen auf ausgehängten Stalltüren: »In Ermangelung eines Tisches diente die Stalltüre als Tafel, die mit feinstem Tafelzeug gedeckt war, wir speisten auf kostbaren Tellern, tranken aus silbernen Reisebechern. Der Kontrast der Umgebung war so abenteuerlich, dass uns der König zur feierlichen Eröffnung der Tafel das Menue vorlas – von der Reissuppe mit Huhn, zu den Forellen, dem Rindsbraten mit Sauce â la Montpensier bis zum Schmarrn â la Blumseralm.« Paul Heyse war schon vor Berchtesgaden so mit den Nerven fertig, dass er eine Erkrankung vortäuschte, um schneller heimfahren zu können. Er erhielt 1910 als erster Deutscher den Literaturnobelpreis und war der einzige unter den Nordlichtern, der es auch nach dem Tod von König Max II. in München ausgehalten hatte. Ihm gefiel das Südländische in München, »der freie Verkehr der verschiedenen Gesellschaftsklassen untereinander«. Das Geheimnis dafür lag für ihn in der »demokratisierenden Macht des Bieres«, die ihn zu allerhand Versen anregte, wie sein Loblied auf die Münchner Biergärten: »Hier finden sich auf brüderlichen Bänken Hoch und Gering in traulichem Gemische: Den Knechten nah, die seine Pferde lenken, der Staatenlenker vom Ministertische; Pedell, Professor, Famulus, Student – du spülst hinweg die Schranke, die uns trennt!«

Folter und Hinrichtungen in München

Die Geschichte der Stadt München ist nicht nur die Geschichte von Kurfürsten, Königen und ihrer Herrschertaten, es ist auch nicht nur eine Geschichte der großen Künstler, Dichter und Denker, die in der Stadt gewirkt haben, sondern es ist im gleichen Maße auch die Geschichte der Bürger und der vielen unbekannten Leute, die das Münchner Leben über 850 Jahre hinweg geprägt haben. Das wird in Festzeiten oft vergessen und vor allem dunkle Kapitel, unter denen meist die kleinen Leute zu leiden hatten, lässt man bei solchen Anlässen lieber in den Archiven ruhen.

Wie zum Beispiel das grausame Kapitel öffentlicher Hinrichtungen auf dem Marienplatz, wo vor dem Rathaus 1861 zum letzten Mal ein Todesurteil durch die Guillotine vollstreckt wurde. Bis 1854 wurden die Todeskandidaten neben der Mariensäule auf einem Stuhl festgeschnallt und mit einem Schwert enthauptet, was dem Scharfrichter nicht immer auf den ersten Schlag gelang. Dem Todesurteil vorausgegangen war nicht selten die Folter, deren genau festgelegten Ablauf Lorenz von Westenrieder in seiner 1782 erschienenen Stadtbeschreibung dokumentiert: Dem in der »Torturkammer« Zusammengeschlagenen »versetzt man die zuerkannten Streiche, deren jeder das Fleisch bis auf die Gebeine entzwei schneidet.

Hinrichtung mit dem Schwert am 18. Mai 1850

Bey jeder Tortur ist ein Medicus zugegen, den Richtern anzuzeigen, ob ein Körper imstande sey, die Tortur auf einen gewissen Grad auszuhalten. Vielen kostet dieselbe dem ungeachtet das Leben.« Zur Zeit Westenrieders waren auch noch das Henken, das Radbrechen und das Verbrennen bei lebendigem Leibe die üblichen Todesarten auf dem Marienplatz. Eine der letzten Hinrichtungen fand in Anwesenheit von maskierten Faschingsnarren am Faschingsdienstag vor 150 Jahren statt, deren grotesken Ablauf am besten jeder selbst hier nachlesen kann.

War König Max II. der Vater des Märchenkönigs?   1864

Nach dem Tod von König Max II. am 10. März 1864 bestieg der 18-jährige Kronprinz Ludwig den Thron. Schon mit seiner Geburt am 25. August 1845 im Schloss Nymphenburg begannen die Rätsel um den »Märchenkönig«: Wer war der Vater? Denn in den bis vor kurzem noch unter Verschluss gehaltenen »Memorabilien« von Leo von Klenze, der zur engsten Umgebung von Ludwig I. und dessen Sohn Max II. zählte, ist die Vaterschaft von König Max II. in Frage gestellt. Klenze erwähnt den Hofarzt mit den Worten, »daß wohl alle Kinder des Königs (Ludwig I.) unfruchtbar bleiben würden«. So geschehen bereits bei Sohn Otto, dessen Ehe als König von Griechenland kinderlos blieb, was den Fortbestand der griechi-

Max II. / Ludwig II. / von der Tann

schen Monarchie gefährdete. Von Sohn Max steht fest, dass er sich in seiner Jugendzeit »auf einer Kavalierstour« mit Lues infiziert hatte, was in den meisten Fällen zur Unfruchtbarkeit führte.

Wenn Max also keine Kinder zeugen konnte, war der Fortbestand der königlichen Linie gefährdet.

Sollte dies zum gezielten Seitensprung der Königin geführt haben, aus dem Ludwig II. hervorging, so musste das engste Umfeld des königlichen Schlafzimmers eingeweiht gewesen sein. Vier Personen in engster Nähe der königlichen Familie geben Rätsel auf: Seit 1848 sind monatliche Zahlungen an das »Nordlicht« Wilhelm von Dönniges von 1000 Gulden aktenkundig mit dem Zusatz: »An H.R.Doenniges für geheime Zwecke«. Sie kannten sich aus ihrer Studentenzeit und »Kavalierstouren« in Göttingen. Und über den Kammerdiener der Königin, Tambosi, sagte Max zu

Klenze: »Ich weiß sehr wohl, daß Tambosi der schlechteste Kerl in meinem Staate ist, aber ich kann ihn gar zu gut gebrauchen.« Ein zweiter Kammerdiener wird laut Klenze von einem »unbekannten Wilderer« erschossen.

Dönniges bekam Schweigegeld, Tambosi war ein schlechter Kerl, aber gut

Wilhelm von Dönniges

zu gebrauchen, und ein plaudernder Kammerdiener wurde erschossen. Wussten sie zuviel über den Hauptmann 1. Klasse Ludwig von der Tann, wie Dönniges ein enger Jugendfreund von König Max II., der sich im Frühjahr 1844 als 29-jähriger wegen einer Münchner Studentin erfolgreich auf Pistole duellierte, dafür nicht belangt oder bestraft wurde und der wenige Wochen später als persönlicher Adjutant des Königs berufen wurde? 12 Monate danach wurde Kronprinz Ludwig, der Märchenkönig, geboren.

Klenze vermerkte in seinen Aufzeichnungen: »Der König ist erpressbar« und Egon Caesar Conte Corti schrieb, dass von der Tann eine »lange und innige Freundschaft bis zum Tod« mit Max II. verband. Wenn also Max nicht der Vater war, so bliebe nur einer übrig: Ludwig von der Tann.

Hojotoho! Ludwig II. rettet Richard Wagner

Erst Ludwig I. mit seiner Lola Montez, dann Max II. mit seinen Nordlichtern, und jetzt Ludwig II. mit seinem Richard Wagner: Zuagroaste hatten es in München nie leicht! Am 4. Mai 1864 stand einer der größten Komponisten der Geschichte seinem größten Fan Ludwig II. gegenüber, der schon als 15-jähriger während einer

So schön hätt's ausgesehen: Das Semper-Modell des Festspielhauses neben dem Maximilianeum (montiert)

Lohengrin-Aufführung »Thränen des Entzückens« vergoss. Und jetzt war er in München, sein »Ein und All«, und der »Urquell des Lebenslichtes«, wie die Briefanreden in den folgenden Wochen lauteten. Franz von Pfistermeister hatte den total pleite gegangenen Tondichter in Stuttgart aufgestöbert und mit einem Schlag schien der Lebenstraum des Komponisten, ein eigenes Opernhaus nur für seine Werke, zum Greifen nahe. Doch erst bekam Wagner in aller Form den königlichen Befehl, in einer Villa in der Brienner Straße den »Ring des Nibelungen« sofort zu vollenden. Gottfried Semper legte kurz darauf die ersten Pläne für das Festspielhaus auf dem Isarhochufer neben dem Maximilianeum vor und Dirigent Hans von Bülow begann mit den Proben zur Uraufführung von »Tristan und Isolde«. Dessen Frau Cosima gebar derweil eine echte »Isolde«, deren Vater aber Richard Wagner war – Bülow dirigierte trotzdem weiter und warf dafür die ersten fünf Stuhlreihen aus der Oper: »Was macht's, ob ein paar Dutzend Schweinehunde mehr oder weniger im Parkett sitzen.« Die Premieren-Promis schrien auf und Malvina Schnorr von Carolsfeld schrie sich als Isolde bei der Generalprobe heiser: Die Uraufführung war geplatzt. München brodelte: Der Tristan unaufführbar? Wagner in Ungade? Nichts davon: Am 10. Juni 1865 ging »der Tristan« erstmals umjubelt über die Bühne und Wagner notierte: »Dies war der Höhepunkt.« Genauso war es: Für das »verrückte Festspielhaus« sperrte das

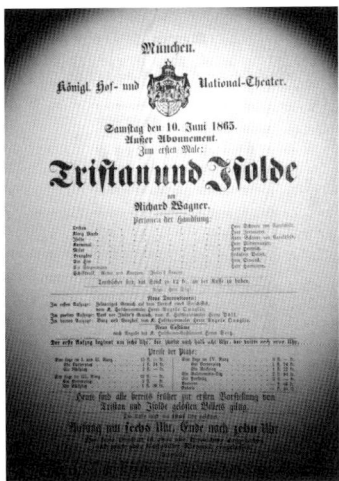

Theaterzettel der Uraufführung
von Tristan und Isolde

Ludwig und Malvina Schnorr von
Carolsfeld als Tristan und Isolde in der
Uraufführung

Kabinett das Geld, Wagner versuchte den Sturz von zwei Minis-tern, ein Bürgerbegehren mit 4000 Unterschriften forderte »Wag-ner raus!«, und nachdem sich der König von seiner Mutter bis zum Erzbischof hatte beraten lassen, musste Wagner binnen 24 Stunden München verlassen. Der Rest ist bekannt: Ludwig II. unterstützte Wagner mit großen Summen weiter, dieser vollendete mit seiner »Sekretärin« Cosima befehlsgemäß den »Ring« und baute sein Festspielhaus nicht in München, sondern in Bayreuth.

Wagner-Karikatur
im »Münchner
Punsch«, 1865

Einer auf dem Eise
Münchner Kindl: Sie, wenn Sie den Kopf so hoch tragen,
geben's Acht, daß S' fein net in das Loch da 'neinfallen!

Königshochzeit geplatzt:
»Die Welt soll vergessen, daß eine
bayrische Königsbraut gelebt!«

König Ludwig II. musste ein Kind in die Welt setzen, wenn die königliche Linie der Wittelsbacher nicht aussterben sollte. Die Braut war 1867 in der herzoglichen Nebenlinie gefunden: Sophie Charlotte, Herzogin in Bayern, jüngere Schwester von Elisabeth »Sisi«, Kaiserin von Österreich. Für Sophie, die bisher immer im Schatten ihrer großen Schwester stand, war es keine Frage, dem Angebot zuzustimmen. Verlobungsball, Verlobungsfotos, Verlobungsmedaillen, alles lief wie am Schnürchen. Ludwig reiste viel, Weltausstellung hier, Kuraufenthalt dort, immer alleine und der Rest ist bekannt: »Ich habe mich übereilt« oder »Heiraten soll mein Bruder besorgen«. Die Verlobung wurde nach 259 Tagen gelöst und die Legenden stellen bis heute Herzogin Sophie in die Ecke der »verschmähten« Braut, die eines so holden Königs eben nicht würdig war, der viel lieber ihre Schwester Sisi gehabt hätte: O.W. Fischer und Ruth Leuwerik lassen grüßen!

Wie so oft bei Ludwig II. sollten auch über diese Verlobung Dokumente verbrannt werden: »Briefe von Prinzessin Sophie Charlotte – ungelesen verbrennen« steht auf dem Kuvert, in dem

der Autor dieses Buches die Briefe von Sophie aus der Verlobungszeit mit Ludwig II. fand, die aber nicht an den König, sondern an den Mann geschrieben waren, den sie wirklich von Herzen liebte: Edgar Hanfstaengl, Sohn des Fotografen Franz Hanfstaengl. Sie sind Dokumente einer Zeit, in der Herrscherhäuser rücksichtslos mit ihren Kindern Heiratspolitik betrieben und in der

Edgar Hanfstaengl

menschliche Gefühle und seelische Bedürfnisse keinen Platz hatten.

»Ich möchte in Deinen Armen sterben u. mein Name soll verklingen – die Welt soll vergessen, daß eine bayerische Königsbraut gelebt. Ich küsse Dich tausendmal – vergiß mich nicht! S.C.« schrieb Sophie am 13. August 1867 an Edgar. Während des Shootings der Verlobungsfotos assistierte der 25-jährige Sohn Edgar seinem Vater Franz und dabei machte nicht nur die Kamera »klick«: Edgar war ein blendend aussehender Junggeselle, war weitgereist als Handelskaufmann in London und als Teehändler in China, er war ein mit Humor

Ludwig II. und seine Verlobte Herzogin Sophie Charlotte

und Lebenslust gesegneter Münchner, die Ungezwungenheit in Person, das krasse Gegenstück zu Ludwig II. In den Tagen nach der ersten Begegnung war er der Lieferant der Bilder und Nachbestellungen. Sie kamen sich schnell näher, da Sophies Hofdamen Baronin Nathalie Sternbach und Antonie von Kaan in die Situation eingeweiht waren, als Briefträgerinnen agierten und auch die kuriosesten Rendezvous deckten: »Bitte lasse mir umgehend wissen, ob du glücklich und unbemerkt zum Palais hinauskamst« schrieb sie, nachdem sie in einer brenzligen Situation einen Schwächeanfall vortäuschte, um das Personal abzulenken und damit Edgar verschwinden konnte, »wobei sich Nathalie zu Tode lachte.« Ziemlich ungestört konnten sie sich dagegen auf Hochschloss Pähl am Ammersee treffen, das Edgars Vater Franz gehörte. Allerdings waren sich Edgar und Sophie von Anfang an auch der Aussichtslosigkeit ihrer Liebe bewusst – der Standesunterschied zwischen dem bürgerlichen Edgar und der wittelsbacher Herzogin gab einer derartigen Beziehung keine Zukunft. »Warum mußte ich dich kennen lernen, nun da meine Freiheit in Fesseln geschlagen ist? Ich liebe dich so innigst, mein Edgar, so tief, dass ich schmählich alle Pflichten gegen meinen armen König vergaß! Die Welt soll nie ahnen, was zwischen uns vorgeht ... Deine S.C. Vergiß mich nicht. 23. July 67«. Während an diesem 23. Juli 1867 ihr »armer König« mit Napoleon III. in Paris soupierte, schrieb seine Verlobte weiter: »Der Tag meiner Trauung steht wie ein schwarzer Schatten vor mir, ich möchte entfliehen vor dem unbarmherzigen Schicksal ...«

Am 1. September verschob Ludwig II. den Hochzeitstermin, weil angeblich der Juwelier mit der Änderung der Krone nicht fertig geworden ist, worauf Sophies Eltern ihm so diplomatisch es eben ging ein Ultimatum für den Hochzeitstermin setzten, denn die Ehre ihrer Tochter vertrüge eine solche Hinhalterei nicht. Was für Sophie aber nicht hieß, dass der Weg zu Edgar nun frei werden würde – ein anderer »standesgemäßer« Mann würde eben nun gesucht. Am 10. September schrieb sie: »Es ist nun einmal geschehen – hab ich nicht tausendfachen Grund Etwas zu bereuen, was uns beiden unendlichen Kummer u. kein Glück brachte? Herzliches Lebewohl – so Vieles hätte ich noch zu sagen – doch besser nicht. Wenn ein Mensch meine Briefe fände – schauerlicher Gedanke. Tausend Grüße Theurer Edgar, aus innig liebendem Herzen. C.«

Nach einigem Hin und Her wurde die Verlobung aufgelöst und am 29. November 1867 schrieb Ludwig II. in sein Tagebuch: »Gott sei gedankt, nicht ging das Entsetzliche in Erfüllung! Mein Hochzeitstag sollte heute sein.« Für Sophie wurde binnen eines Jahres ein neuer Bräutigam gefunden, Ferdinand von Alençon, der keinerlei Verständnis für die musische Ader seiner Frau hatte und ihr sogar das Klavierspielen verbot. In Paris verliebte sie sich noch einmal in einen Bürgerlichen, den Arzt Dr. Glaser. Ihr Versuch sich von

Alençon scheiden zu lassen scheiterte, da ihre Familie sie in die Klinik des Wiener Nervenarztes Prof. Krafft-Ebing ein-

Briefe von Prinzessin Sophie Charlotte an Edgar Hanfstaengl

wies, der ihr eröffnete, sie für unzurechnungsfähig zu erklären, wenn sie ihren Scheidungsplan nicht aufgäbe. Resigniert zog sie sich nach Paris zurück, trat als »Schwester Marie-Madelaine« in den dritten Orden der Dominikaner ein und veranstaltete große Wohltätigkeitsfeste für alleinstehende Mütter. Beim letzten Fest am 4. Mai 1897 führten die Gebrüder Lumiére die ersten Filme vor, wobei der Projektionsapparat Feuer fing und eine Brandkatastrophe auslöste. Sophie rettete noch Dutzende von Kindern aus den Flammen, bis sie von einem brennenden Balken erschlagen wurde. Die Braut König Ludwigs II. verbrannte bis zur Unkenntlichkeit.

Himalaja am Odeonsplatz   1871

Eine Woche nach dem Tod König Ludwigs II. am 13. Juni 1886 zog man den Stöpsel aus einem künstlichen See auf dem Dach der Münchner Residenz ,und ein »europäisches Wunderwerk«, wie es »noch nichts Ähnliches in der Welt« gab, wie Zeitungen damals schrieben, wurde dem Verfall preisgegeben: Der Wintergarten des Märchenkönigs. Auf einer Länge von 80 Metern überspannte seit 1871 eine riesige Glas-Eisen-Kuppel den gesamten Festsaalbau der Residenz, drinnen ein 269 Quadratmeter großer und 1,24 Meter tiefer beheizter See mit Karpfen und Goldfischen, umrankt von Bananen und Dattelpalmen. »Ein verborgener Mechanismus bringt die Wellen in Bewegung«, schreibt Stadtchronist Ernst von Destouches, »auf dem Schwäne dahinziehen und reichgeschmückte Kähne schaukeln. Das Wasser wird von unten her mit elektrischem Licht beleuchtet, so dass man nach dem Willen des Maschinisten auf dem See bald einen wilden Sturm, bald eine zarte Morgenröthe her-

Innenaufnahme des Wintergartens

Der Standort des ehemaligen Wintergartens auf dem Dach des Festsaalbaus der Residenz (bearbeitete Übersichtsaufnahme)

vorbringen kann.« Unter Anleitung von Professor Schlagintweit malte Ferdinand Knab ein Riesenpanorama des Himalaja-Massivs, hinter dessen Gipfeln bei Sonnenaufgang die Theatinerkirche hervorleuchtete. Ein Wasserfall, der mittels einer Pumpe von einem Stadtbach gespeist wurde, plätscherte über eine sechs Meter hohe Tropfstein-Grotte, in der versteckt die ebenso füllige wie berühmte Opernsängerin Josefine Scheffsky in Anwesenheit des Königs immer wieder Arien schmettern durfte. Einmal rutschte sie aus und schwamm singend dem König entgegen – unglaublichste Märchen wurden über diesen Zwischenfall verbreitet! Eine technisch höchst ausgereifte Zentralheizung mit einem jährlichen Verbrauch von 4385 Festmetern Buchenholz sorgte für milde Temperaturen auch im strengsten Winter, bei denen der König dann in einem maurischen Kiosk oder wahlweise in einer Fischerhütte aus Binsengeflecht Akten studieren konnte, sofern er sich nicht in ein orientalisches Zelt aus blauer Seide mit Goldornamenten vom Alltag zurückzog. Nur ein einziger Wunsch ging König Ludwig II. nicht in Erfüllung: Er wollte junge Gazellen hüpfen sehen und einen kleinen Elefanten aufs Dach holen – doch Hofgartendirektor Karl von Effner konnte dies Seiner Majestät in letzter Sekunde ausreden. Heute würden zigtausend Touristen Schlange stehen, um den phantastischsten Garten Europas zu bewundern, wäre die Erinnerung an Ludwig II. aus Unterhalts-Kostengründen nicht zerstört worden.

Der »Kini« und die Frauen –
Ein Goldfasan unter Haushühnern!

»Wie ein Goldfasan schritt er zwischen all den Haushühnern umher«, erinnerte sich Graf Eulenburg an König Ludwig II., wenn er von seinen Hofdamen umgackert wurde. »Ach die Weiber! Auch die Gescheiteste disputiert ohne Logik!« ist Originalton Ludwig II., wie er überhaupt eine eigene Sicht auf das andere Geschlecht hatte: »Bei den meisten jungen Leuten mischt sich Sinnlichkeit in ihre Neigung zum anderen Geschlecht, diese verdamme ich.« Wegen Frauengeschichten wie bei Großvater Ludwig I. brauchte man bei ihm also nicht um den Thron zu fürchten. Näher als bei der Fronleichnamsprozession, wo sogar »Vertreterinnen der Halbwelt den jungfräulichen König anhimmelten«, wie ein Zeitgenosse schrieb, näher kam ihm sowieso keine Bürgerliche – es sei denn, sie war Künstlerin. Als Ludwig II. Lilla von Bulyowsky als Maria Stuart im Hoftheater sterben sah, war er so ergriffen, dass er sich nach der Vorstellung die Allerheiligen-Hofkirche aufsperren ließ, um für die historisch verblichene Schottenkönigin zu beten. Lillas Künstlerfreundschaft dauerte sechs Jahre, in denen sie sogar in Ho-

henschwangau »Egmont« rezitieren durfte. Nach Lillas Memoiren gestand ihr dabei der König, noch nie eine Frau besessen zu haben, wobei er seinen Kopf auf ihre entblößte Schulter gelegt haben soll. Lilla nutzte die Freundschaft für ihre Theaterkarriere schamlos aus und als Ludwig davon erfuhr, waren seine letzten

Lilla von Bulyowski
als Maria Stuart

Worte: »Das Bulyowski-Luder soll sich zum Teufel scheren!«

Unglaublich nahe kam ihm auch die Bildhauerin Elisabeth Ney: Mit Zirkel und Maßstab durfte sie Ludwigs Kopf vermessen und arbeitete acht Monate lang an seinem Standbild. Nach ihren Memoiren wurde sie dabei von ihm schwanger und gebar in Texas einen Königssohn namens Arthur, der mit vier Jahren an Gelbfieber starb und dessen Asche sie in den Mississippi streute.

Und über seine Verehrerin Sisi ist schon alles in den Filmen gesagt, bis auf die Schifferlfahrt 1881: Die beiden Seelenverwandten gondelten zur Roseninsel, während ihr »Mohr« Rustimo exotische Lieder zur Gitarre sang und Sisi notierte: »Und ein Schwarzer sang so drollig, Ach! wie herzlich klang Dein Lachen!« Fünf Jahre später war alles vorbei und Sisi dichtete: »Sie stürzten ihren König vom hohen Schwanenstein, sie drängten ihren König in den See hinein!«

Sisi, Kaiserin Elisabeth von Österreich

War Ludwig II. ein »crazy King«?

Wenn Prospekte für Großveranstaltungen in München in alle Welt gehen, ist immer auch Schloss Neuschwanstein abgebildet, als läge es auf dem Nockherberg. Wenn man japanische Touristen fragt, was ihnen zu Deutschland einfällt, sagen sie »Neuschwanstein« und »Hofbräuhaus«. Das häufigste Postkartenportrait in den Souvenirläden Deutschlands ist nicht Reichsgründer Bismarck, Konrad Adenauer oder Angela Merkel, sondern Bayerns König Lud-

König Ludwigs II. im Verlaufe seines Lebens,
alle Bilder aufgenommen von seinem Hofphotographen Josef Albert

wig II., dicht gefolgt von Papst Benedikt XVI. Ohne all den »Verrücktheiten« König Ludwigs II. wie Neuschwanstein, Linderhof oder Herrenchiemsee würde Bayerns Fremdenverkehr heute arm aussehen! Hätte man den »crazy King« bauen lassen wie er wollte, dann stünde heute neben dem Maximilianeum sogar das Festspielhaus von Bayreuth und alljährlich würden Millionenbeträge in Münchens Hotel- und Gastronomiekassen fließen, von den dazugehörigen Abgaben an die Stadt ganz zu schweigen. Und was wurde damals in München gegen ihn gehetzt, gespottet und intrigiert, nur weil er eines der größten Musik-Genies der Geschichte gesponsert und verehrt hat! Was wären die Opernhäuser dieser Welt samt ihren Primadonnen und Heldentenören ohne die Werke Richard Wagners, über die man streiten kann, ob sie nicht doch auch entstanden wären, hätte Ludwig II. nicht ständig ein paar Tausender an das Traumpaar Richard und Cosima geschickt! Aber für die Minister und Bürokraten in München, diese Kulturbanausen höchster Güte, war das zum Fenster hinausgeworfenes Geld. Ludwig II. ist zweifellos aus der traditionellen Königs-Rolle gefallen, und das war ja der Grund dafür, warum seine Beamten und Minister nicht mit ihm umgehen konnten. Heute hätten sie es schwerer, denn sie stünden ständig einem Heer fragender und hinterfragender Journalisten gegenüber. Ludwig II. hätte es dagegen heute leichter, denn seine ungewöhnlichen Bauten, sein Künstler-Sponsoring und seine kritische Haltung gegenüber jedem Kriegsgeheule aus seinem Kabinett würden bei der Bevölkerung starken Eindruck machen. Da hätte sich keine Ministerrunde zusammengesetzt und beraten, wie man ihn aus dem Weg schaffen kann. Und kein Irrenarzt hätte sich zu schreiben getraut: »Der König ist verrückt!«

Hofphotograph Josef Albert

Die königlich-bayerische Viererbande

Das war die Lage in München im Frühjahr 1886: Ein Bankkredit hätte einen Teil der Bauschulden König Ludwigs II. bis ins Jahr 1901 verschoben unter der Bedingung, dass der Staat die Restschuld begleicht und der König alle Bauvorhaben stoppt. Aber Ludwig II. dachte nicht im Traum daran. Der »Schwarze Peter« lag jetzt im Ministerium des Freiherrn von Lutz, der all die Jahre heilfroh war, wenn der König seinem Hobby »Schlösserbauen« nachging und ihn und seine Minister in Ruhe ließ. Dafür ruderte man schon mal auf die Roseninsel »wg. Unterschrift«. Jetzt wurde es aber eng, denn wenn sie den König weiter mit Sparzwängen und Baustopp-Plänen belästigten, hätte er sie nach der Verfassung jederzeit entlassen können, und davor hatten alle eine Mordsangst. Auf Fragen der Presse: »Habt ihr denn nicht längst von den Schulden gewusst?« blieben sie eine Antwort schuldig. Noch schlimmer: Landtagswahlen standen vor der Türe und Ludwig II. war bei den »einfachen Leuten«, die damals wie heute die Mehrheit in Bayern bilden, unglaublich beliebt, was Irrenarzt Dr. Gudden aber als Zeichen von Schwachsinn deutete: dass der König nämlich lieber »mit einfachen Leuten« verkehre »und fast auf jeden Umgang mit Gebildeten verzichtet«. Jetzt zitierte der Karrierebeamte Lutz die Verfassung, nach der dem König eine »Regentschaft« vorgesetzt werden könnte, wenn er »durch Krankheit« länger als ein Jahr an der Ausübung seines Amtes gehindert wäre. In Dr. Gudden fand er einen willigen Komplizen, der per Ferndiagnose in seinem berühmten

von links nach rechts: Johann Freiherr von Lutz, Prinz Luitpold,
Dr. Bernhard Gudden, Maximilian von Holnstein

Gutachten den König für unzurechnungsfähig erklärte. Und das ist der Satz darin, der ihn entlarvt: »Wie viele Irre haben schon mit unglaublichem Rafinnement den geistig Gesunden gespielt und sogar die erfahrensten Ärzte getäuscht«. Maximilian von Holnstein, Ludwigs engster Vertrauter, Abkassierer von 10% der Bismarck-Gelder, lieferte die intimsten Details zum »Gutachten« und wurde als »Vormund« bestimmt. Und dann war noch Luitpold, der nach außen zögernde Verwandte, der Ludwig in der Regentschaft beerben sollte. Die Schulden Ludwigs II. waren schließlich auch die Schulden der übrigen Wittelsbacher Familie. Minister Lutz packte ihn erfolgreich bei seiner Offiziersehre, wonach es seine verdammte Pflicht und Schuldigkeit wäre, weiteren Schaden vom Hause Wittelsbach abzuwenden. Jetzt war die Viererbande komplett und der Rest vom Starnberger See ist bekannt.

1886 Mit Blitz und Donner zur ewigen Ruhe

Als am Vormittag des 19. Juni 1886 in der Allerheiligen-Hofkirche Tausende von Münchnern an dem im Starnberger See zu Tode gekommenen König Ludwig II. vorbeidefilierten, glaubten fast alle, hier läge eine Wachspuppe, so schön hatten ihn die Präparatoren der Gerichtsmedizin zusammengeflickt. Die Zeitung zählte 22 ohnmächtige Personen und »eine beinahe zertretene Dame«.

Eine unüberschaubare Menschenmenge säumte den Weg des Sarges von der Residenz über den Stachus durchs Karlstor hinein in die heutige Fußgängerzone. Die Leiche des König war in das Ornat des Großmeisters des Hubertusordens gekleidet, sein Kopf ruhte auf einem Hermelin, die linke Hand umgriff sein Schwert und in der rechten steckten Jasminblüten von Sisi, der Kaiserin von Österreich selbst gepflückt. Acht schwarz verhüllte Pferde zogen die Trauerkutsche, dahinter trottete in einer schwarzen Schabracke gehüllt

Oben: Der Trauerzug des Märchenkönigs, gesäumt von einer unübersehbaren Menschenmenge

Unten: König Ludwig II., aufgebahrt in der Allerheiligen-Hofkirche

das Lieblingspferd des Königs. Dann folgten der preußische und österreichische Kronprinz und Bayerns Prinz Luitpold. Er lehnte zeitlebens die Königskrone ab, da juristisch der geistig umnachtete Bruder Otto Nachfolger auf dem Königsthron gewesen wäre. Daher nannte er sich auch »des Königreichs Bayern Verweser«, was die Bevölkerung aber als sein schlechtes Gewissen über die Königstragödie deutete. In der Michaelskirche wurde König Ludwig II. mit dem Transportsarg in den großen Bronze-Sarkophag gelegt, der unter Aufsicht von Minister Lutz mehrfach verschlossen und versiegelt wurde. Das Protokoll hatte es wahnsinnig eilig: Keine Trauerrede, keine Ansprache, keine Predigt: Rein in den Sarg und Deckel drauf.

Inzwischen hatte sich ein Gewitter über der Stadt zusammengebraut und »eben war der letzte Wagen des Trauerzuges weggefahren und das Militär abgerückt, da fuhr angesichts der hocherschreckten Menge auf der Straße eine mächtige Feuergarbe, ein Blitz herab auf die St. Michaelskirche, dem ein entsetzlicher Donnerschlag folgte. Der Blitz hatte nicht gezündet, sondern einige Leute an die Mauer der Kirche geschleudert.« So fuhr der Märchenkönig mit Blitz und Donner zur ewigen Ruhe – wird der Sarkophag je sein Geheimnis preisgeben?

1886   Otto I. – Bayerns vergessener König

Am Tag nach dem Tod König Ludwigs II. im Starnberger See fuhr eine Delegation ins kleine Schloss Fürstenried beim Waldfriedhof und verlas vor dem jüngeren Bruder des »Märchenkönigs« eine Proklamation, mit der sie ihn gemäß der Verfassung zum König von Bayern erklärten. Seitdem wird König Otto I. in den Aufzählungen der bayerischen Könige stets ignoriert und vergessen, als hätte er nie gelebt: Otto war geistig schwer gestört und konnte das Amt nicht ausüben. Dass er ab und zu wieder ins Bewusstsein rückt, ist einzig Klaus Kinski zu verdanken, der 1954 in der Rolle des verrückten Otto zusammen mit O. W. Fischer als Ludwig II. seinen schauspielerischen Durchbruch erlangte. Offiziell war Otto »schwermütig«, wobei die heutige Psychologie sein Krankheitsbild wohl etwas differenzierter

König Otto I. mit Pflegern in Schloss Fürstenried

betrachten würde. Nachdem ihn Ludwig II. als seinen Stellvertreter 1872 zu den Friedensverhandlungen nach Versailles geschickt hatte, wurde sein ungewöhnliches Benehmen immer auffälliger, das nach dem Tod seines Bruders eine Betreuung durch Pflegekräfte in Fürstenried unumgänglich machte. So rannte er zum Beispiel mit Gewehr und in Jägerkleidung während einer Messe in die Frauenkirche, fiel vor dem zelebrierenden Erzbischof auf die Knie und bat ihn für seine Sünden um Vergebung. 1889 schrieb eine Zeitung: »Der Blick des Königs ist meist stier, ins Leere gerichtet. Häufig steht Otto I. in einer Ecke, gestikuliert mit Armen und Händen und spricht im Halluzinationszustand lebhaft zu dem Gegenstande seiner Einbildung. Dann aber tritt völlige Apathie ein, welche stunden- und tagelang andauert. Der König isst gern und reichlich, trinkt ein Glas Bier und verlangt ab und zu mit scharfer Kommandostimme Sekt, den er gerne zu sich nimmt. Mit Leidenschaft raucht Seine Majestät Zigaretten, gewöhnlich 30 bis 36 Stück am Tage. Der Verbrauch von Zündhölzern ist aus dem Grunde enorm, weil der König stets ein ganzes Bündel Streichhölzer anzündet und es dann mit sichtlicher Freude brennend wegwirft.« Stellvertretend für ihn hatte Onkel Luitpold das Amt des Königs übernommen und die ruhige Epoche der »Prinzregentenzeit« hatte begonnen. König Otto I. starb 1916 in Fürstenried an einer rätselhaften »Darmverschlingung« und liegt in der Gruft der Michaelskirche wenige Meter neben dem Sarkophag seines Bruders Ludwig II.

Klaus Kinski als Otto und O. W. Fischer in »Glanz und Elend eines Königs«, 1954

*»Ein Dorf,
in dem Paläste stehen«*

München, die nördlichste Stadt Italiens

Frauenkirche mit Spitztürmen

Unter Herzog Sigmund von Bayern (1439–1501) war München so groß geworden, dass es eine zentrale Kirche brauchte. Maurermeister Jörg von Halspach bekam den Zuschlag, kein Architekt, sondern ein Handwerker, der rechnen konnte. Schließlich hatte er den Münchnern schon ganz günstig das heutige »Alte Rathaus« hingestellt. Anno 1468 wurde der Grundstein für die neue Kirche mit gotischen Spitztürmen gelegt und in der damals schnellen Bauzeit von 20 Jahren waren 1488 die Türme fast fertiggebaut, bis auf die Turmspitzen. Und jetzt beginnen die Legenden: Märchen Nr. 1: Ohne Turmspitzen belassen, denn dann eignen sie sich auch zur Verteidigung: Im Landshuter Erbfolgekrieg 1503–1505 sicherten Kanonen oben im Turm die Stadt. Märchen Nr. 2: Der untere Ziegelbau kann gotische Spitztürme nicht tragen und würde zusammenkrachen, was natürlich Unsinn ist aber von der Geldnot ablenkt. Das 3. Märchen stimmt schon eher: Spitztürme wären sündteuer gewesen, »welsche Hauben« dagegen sind billiger und gerade in Mode: Die bekannteste Renaissance-Kuppel krönt immerhin den Petersdom in Rom. 1524 waren beide Kuppeln fertiggebaut bis auf die goldenen Knöpfe, die im Jahr darauf, 1525, vom Goldschmied Niclas Dazmann draufgesetzt wurden. Wenn man mit den heutigen Messmethoden die genaue Höhe der Kuppeln feststellt, darf mit noch einem Märchen aufgeräumt werden: Die Frauenkirche ist nicht »100 Meter hoch«, wie immer erzählt wird, und der Höhenunterschied zwischen Nord- und Südturm beträgt auch nicht »genau einen Meter«, sondern nur 12 Zentimeter: Der Nordturm ist 98,57 Meter hoch, der Südturm 98,45 Meter.

Münchens Wahrzeichen,
wie es eigentlich hätte aussehen sollen.

Das »8. Weltwunder« in der Fußgängerzone

Genau in der Mitte unserer Fußgängerzone steht das nach der Peterskirche in Rom größte Tonnengewölbe der Welt, eine architektonische Meisterleistung, die über Jahrhunderte als das »8. Weltwunder« gefeiert wurde: die Michaelskirche, die größte Renaissancekirche nördlich der Alpen. Sie ist innen schneeweiß und nur von reinem Gold durchzogen. Diese weltberühmte Jesuitenkirche hat sich heute zum Ruhepol inmitten des täglichen Getriebes in der Innenstadt entwickelt, in dem man nadelgestreifte Herren am hellichten Tag beim »Abschalten« genauso sieht wie Hausfrauen mit Einkaufstüten vor den ewigen Lichtern beim Marienstandbild. Herzog Wilhelm V., dem wir auch das Hofbräuhaus verdanken, begann ab 1581 in der Neuhauser Straße Grundstücke aufzukaufen, um neben der Frauenkirche die größte und repräsentativste Kirche Münchens zu bauen. Nach dem Abriss einer kleinen Nikolauskirche und einer Filiale von Kloster Schäftlarn war 1583 genügend Platz für ein Jesuitenkolleg und der dem Heiligen Michael geweihten Riesenkirche. Sie sollte ein gewaltiges Monument der Gegenre-

St. Michael, nach St. Peter in Rom das größte Tonnengewölbe der Welt

formation und mit einer Grablege für die Wittelsbacher auch eine Verherrlichung des Landes Bayern darstellen. Prominentester Wittelsbacher in der Fürstengruft unterm Hochaltar: Märchenkönig Ludwig II. Zur Kirche gehörte ursprünglich auch ein Turm, der aber noch im Rohbau 1590 in sich zusammenstürzte. Erst 1593 wurden die Arbeiten unter der Leitung von Friedrich Sustris wieder aufgenommen und am 6. Juli 1597 konnte sie endlich geweiht werden. Dafür brachten die gigantischen Baukosten Herzog Wilhelm V. an den Rand des Staatsbankrotts. Der Bau war so spektakulär, dass es heute in aller Welt über 100 Kopien dieser in München einmaligen Kirche gibt. Weit über München hinaus bekannt ist heute auch die Kirchenmusik in St. Michael mit dem alljährlichen Höhepunkt, der Caecilienmesse von Charles Gounod, zu hören an jedem Pfingstsonntag.

Klenze machte München zum »Isar-Athen« 1837

Nach einem alten Sprichwort wurde München zwei Mal gegründet: das erste Mal von Heinrich dem Löwen, das zweite Mal von König Ludwig I., oder genauer gesagt: von Ludwig I. und Leo von Klenze. Der König hatte die Ideen und Klenze führte in Stein aus, was seinem Auftraggeber vorschwebte: »Ich will aus München eine Stadt machen, die Teutschland so zu Ehren gereicht, dass niemand sagen kann, er kenne Teutschland, wenn er München nicht gesehen hat.«

Während des Wiener Kongresses begegnete Klenze zum ersten Mal dem bayerischen Kronprinzen Ludwig, der ihn kurz darauf zu einem Architektenwettbewerb für die Glyptothek einlud. Was »dem König sein g'spinnerts Häusl« auf dem heutigen Königsplatz für einen Sinn haben soll, leuchtete den Münchnern damals überhaupt nicht ein, aber die Begeisterung für das antike Griechenland hatte jetzt auch Klenze erfasst und sie verband von nun an den König und seinen Baumeister bis ans Lebensende.

Klenze entwarf und baute das »typische München«, das uns heute auf allen Postkarten und in allen Bildbänden entgegenleuchtet:

Ludwigstraße, Häuser am Odeonsplatz und in der Brienner Straße, Königsbau und Festsaalbau der Residenz, Pinakothek, Allerheiligen-Hofkirche, Bavaria mit Ruhmeshalle, Monopteros, Leuchtenberg-Palais undsoweiter.

»Ein Dorf, in dem Paläste stehn« schrieb Heinrich Heine über das München König Ludwigs I. und seines Architekten Leo von Klenze, und Fürst Metternich berichtete 1837 in totaler Begeisterung an seine Frau: »Alles was ich bisher sah übertrifft selbst die kühnsten Erwartungen. Man begreift nicht, wie ein Mensch ruhigen Blutes den Gedanken fassen kann, auf einmal das alles zu unternehmen, was der König bauen lässt.«

1840 »Ein Dorf, in dem Paläste stehn«

Man stelle sich einmal München vor ohne Ludwigstraße, Universität, Siegestor, Feldherrnhalle, Residenz, Nationaltheater, Bavaria, Königsplatz, Feldherrnhalle, Alte und Neue Pinakothek, Monopteros – diese Riesenprojekte und noch viel mehr baute der geizigste König Bayerns, Ludwig I. Im Stadtmuseum kann man den abgewetzten Morgenmantel Seiner Majestät bewundern: Zu sich selbst ein Pfennigfuchser, verschleuderte er Millionen in Bauten und Kunstwerke für München. Er schickte seine Gesandten durch ganz Europa, um die wertvollsten Skulpturen und Gemälde nach München zu schaffen, immer nur höchste Qualität, mit Zweitrangigem gab er sich gar nicht ab. Dahinter steckte ein raffiniertes Kalkül:

Die Propyläen, von Leo von Klenze gebaut und selbst gemalt (Stadtmuseum)

Bayern würde politisch in Europa immer nur die zweite Geige spielen, unübertroffen sollte es aber mit seinen Kunstschätzen sein.

König Ludwig I. machte München zu »einem Dorf, in dem Paläste stehn«, wie Heinrich Heine sagte. »Welche Pracht in München! Ich bin ganz sicher auf einem anderen Stern!«, staunte Detlev von Liliencron. »Wenn Architektur Musik ist, so ist das neue München eine großartige Symphonie und der König Ludwig ist Beethoven!« schrieb Moritz Saphir 1849. Aber es gab auch Nörgler wie den Engländer Edward Wilberforce, der sonst nur Nettes über München schrieb, bis auf die für ihn »unverständliche Kunst« des Königs: »Viel passender wäre es gewesen, hätte König Ludwig eine riesige Bierhalle gebaut statt all seine Tempel und italienischen Kopien!« Eine? Ein Dutzend »Bierhallen« verdanken wir inzwischen Ludwig I. auf dem Oktoberfest, das zu seiner Hochzeit zum ersten Mal stattfand.

Das Siegestor, von Friedrich von Gärtner gebaut und von Franz Hanfstaengl 1854 fotografiert.

Die Erstbesteigung der Bavaria

Am 10. Oktober 1845 wurde in der Erzgießerei von Johann Baptist Stiglmaier und Ferdinand von Miller (in der heutigen Erzgießerei-straße in Neuhausen) der gewaltige Rumpf der Bavaria als erstes von mehreren Einzelteilen gegossen. Nachdem auch der rechte Arm erkaltet und angeschraubt war, knipste der große Fotopionier Alois Löcherer (1815–1862) dieses hier abgebildete einmalige Dokument der Foto- und Stadtgeschichte, dessen glücklicher Besit-zer heute das Fotomuseum im Stadtmuseum ist.

Sitzend mit Hut unterm Arm: Ludwig von Schwanthaler, der Bildhauer der Bavaria, der kurz darauf verstarb und die Enthüllung nicht mehr erlebte. Dahinter Johann Baptist Stiglmaier, der ganz cool zur Arbeitskleidung einer Gießerei einen Zylinder am pas-sendsten fand, fesch samma! Rechts daneben Erzgießer Ferdinand von Miller in sehr eleganter Ruheposition, denn immerhin musste er sich wie alle anderen für die Belichtungszeit von etwa 10 Sekun-den absolut still halten. Die Handwerker der Gießerei demonstrier-ten dagegen die gewaltige Körbchengröße der Bavaria, indem sie die Brust der Riesenfrau mit Bergsteigerseil und Leiter zu erklim-men versuchten. Und was sagt uns dieser historische Augen-Klick? A Mordsgaudi war's beim Fotografen!

Alois Löcherer fotografierte aber nicht nur diese Erstbesteigung,

sondern die gesamte Entstehungsgeschich-te der Bavaria bis hin zum Transport der einzelnen Gussteile von der Gießerei durch die Stadt hinaus auf die Theresienhö-he. Die Negative sind noch auf Papier auf-

Der Rumpf der
Bavaria nach dem Guss

genommen, die durch Einwachsen halbtransparent wurden und zum Positiv kopiert werden konnten. Diese Aufnahmen sind wieder eine Pionierleistung eines Münchner Fotografen: Die Bilderserie selbst gilt heute als die erste und älteste Fotoreportage der Welt.

Häme über die Hosentürl-Gotik der Maximilianstraße

1853

So stinkvornehm sich die Maximilianstraße gibt, mit so viel Hohn und Spott sind vor 155 Jahren ihre einzigartigen Häuser hochgezogen worden. Einzigartig deswegen, weil danach kein einziges Haus mehr in diesem »Maximilianstil« gebaut wurde. Inzwischen hat man sich so an das Unikum gewöhnt, dass man die Straße sogar schön findet ... aber das war nicht immer so.

König Max II. wollte sich nach dem Vorbild seines Vaters König Ludwig I. mit einer ähnlichen Prachtstraße wie der Ludwigstraße ein Denkmal in München setzen. Die Strecke von seinem 1851 geplanten »Erziehungsinstitut«, dem späteren »Maximilianeum«, bis hin zur Residenz bot sich hierfür an und Architekt Friedrich Bürklein

Typische Fassade der Maximilianstraße

Friedrich Bürklein

legte 1851 erste Pläne der »Neuen Straße« vor. 1852 bekamen mehrere Architekten den Auftrag für Musterfassaden,
wobei sich auch der preußische Kronprinz als Ideengeber beteiligte: Er schlug
vor, »Die lieblichen Formen der alpen-
ländischen Berghütten« in die neue
Architektur einfließen zu lassen, was
Bürklein bewusst oder unbewusst in vielen Details auch ausführte und was die
Karikaturisten dankbar aufnahmen.
1853 bekam Bürklein die Gesamtkon-
zeption der Maximilianstraße übertragen und baute munter drauf
los: Der Maßstab für die Höhe der Häuser war der königliche Feld-
salat im Hofküchengarten dahinter, denn auch bei niedrigstem Son-
nenstand im Winter durfte er nicht im Schatten der neuen Häuser
stehen. Die Fassaden durften nur Terrakotta-Töne aufweisen, bei
allem anderen aber, den Kranzgesimsen, Spitzbogenfriesen und eng-
lisch-gotischen Elementen war der Phantasie aber keine Grenze
gesetzt.

Die Reaktion der Bevölkerung war katastrophal: Friedrich Hebbel
fand diesen »barbarischen Mischmasch etwas Unverschämtes«, ein
anderer Zeitgenosse: »Da kann man froh sein, wenn man ohne
Schlagfluß wegkommt« und die Fliegenden Blätter nannten den
Baustil dieser »verlogenen Straße« ganz einfach »Hosentürl-Gotik«.
Und vom Papa Ludwig I. sind nur zwei Worte über die Straße seines
Sohne überliefert: »Pfui Teufel, pfui Teufel, pfui Teufel!«

*Lageplan inkl. Hofküchen-
garten, dessen Sonnenein-
strahlung bei der Baukonzep-
tion zu berücksichtigen war.*

Der Druck auf König Max II. wegen seiner Straße war letztlich so groß, dass er wie ein heutiger Spitzenpolitiker handelte wenn's eng wird: Ein Sündenbock musste her und zwar Architekt Bürklein: Über Nacht wurden ihm alle Aufträge entzogen, er, der nur des Königs Ideen ausgeführt hatte, war der Schuldige am Desaster und nach einem Nervenzusammenbruch starb er 59-jährig »in geistiger Umnachtung«.

Das ungebaute München: Die Bavaria trägt einen Minirock 1956

Wenn in München alles gebaut worden wäre, was der Phantasie der Stadtplaner entsprungen ist, nicht auszudenken! In den Archiven haben sich viele Pläne erhalten, über die man nur staunen kann. Besonders die Theresienwiese reizte im 19. Jahrhundert die Stadterneuerer zu gewagten Bebauungen wie ein kuriose Erweiterungsplan zeigt: eine gewaltige Denkmalsanlage sollte den Platz vor der Bavaria mit einem Stilgemisch aus Renaissance- und antiken Tempeln zu griechisch-römisch-bayerischem Glanz verhelfen und die Bierzelte des Oktoberfestes hätten sich dann um die Tempelchen herum gruppieren sollen. Fast Wirklichkeit geworden wäre jedoch eine Minirock-Bavaria mit einem Löwen in Dackelgröße, denn dies war der erste Original-Entwurf aus der Hand von Leo von Klenze. König Ludwig I. bestand jedoch auf einen Maxirock nach der Mode griechischer Heldinnen. Und was wäre der Blick auf die Münchner Innenstadt, wenn die Frauenkirche so gebaut worden wäre wie sie geplant war, nämlich mit gotischen Spitztürmen (siehe Seite 107). Die

Planansicht einer Untertunnelung des Karlstors für die Trambahn

Plan einer Denkmalsanlage auf der Theresienwiese

knallharten Konturen hätten doch jeden Föhnblick ins Gebirge verschandelt! Traumhaft schön dagegen eine Art Petueltunnel durchs Karlstor, bei dem die Trambahn beim Hettlage wieder ans Tageslicht gekommen wäre, kein Aprilscherz, sondern vom Münchner Tiefbauamt 1956 ernsthaft in Erwägung gezogen. Als schön gezeichneter Plan und nett geschnitztes Modell erhalten ist auch das Richard-Wagner-Festspielhaus auf dem Hochufer der Isar neben dem Maximilianeum, damit hätte man sich aber schon

anfreunden können (siehe Seite 89). Unvorstellbar dagegen und der größte Schwachsinn aller Zeiten war Adolf Hitlers Plan, die Mittelachse der Stadt total abzureißen und in seinem Führerstil neu aufzubauen. Übriggeblieben sind gewaltige Holzmodelle, die glücklicherweise dort gelandet sind, wo sie hingehören: in den Mülleimer der Geschichte.

*Erstentwurf der Bavaria mit
Minirock und dackelgroßem Löwen*

Münchens Erfindergeist:
Vom Suppenwürfel
zur Fotografie

1792 Alois Senefelder erfindet die Lithographie

Wenn die Tageszeitung heute wieder schön farbig gedruckt vor uns liegt, so hatte die Idee für diese Drucktechnik schon im 18. Jahrhundert der Münchner Alois Senefelder (1771–1834): Der Offsetdruck, in der heute 90 Prozent aller Drucksachen hergestellt werden, ist die Fortentwicklung der Lithographie, die Senefelder 1792 aus purer Not erfunden hatte und die eine Revolution in der Drucktechnik einleitete. Alois Senefelder studierte Jura, seine Seele hing aber am Theater. Er schrieb ein Stück nach dem anderen, die allerdings kein Verleger drucken wollte. Seine Idee war »Selberdrucken«, aber wie?

Der Kupferstich war für Schriften sehr mühsam, bis er auf die Idee kam, mit fetthaltiger Kreide und Tusche auf blankgeschliffene Kalkplatten seitenverkehrt zu zeichnen und diese leicht zu ätzen: Dadurch nahmen nur die beschrifteten Stellen die fetthaltige Druckfarbe an. Der Flachdruck oder Offsetdruck war erfunden. Um seine Erfindung zu perfektionieren, brauchte er Geld. Beim Musikalienhändler Falter traf er den Hofmusikus Gleißner, der dringend einen Notenschreiber suchte, denn für Noten gab es im Buchdruck keine beweglichen Lettern – aber mit Senefelders Technik ließen sich Notenblätter schnell zeichnen und grenzenlos drucken. Jetzt ging es Schlag auf Schlag: Landkarten, Stadtpläne ließen sich wunderbar zeichnen und vervielfältigen, vor allem militärische

Landkarten waren gefragt. Doch Alois Senefelder war eine Künstlerseele und kein Geschäftsmann. In Paris, Wien und London schossen Lithographie-Druckereien wie Pilze aus dem Boden,

Alois Senefelder von seinem Schüler Franz Hanfstaengl auf Stein gezeichnet und als Lithographie gedruckt

doch die Lizenzen kassierten Abstauber der übelsten Sorte und sogar seine Brüder hauten ihn übers Ohr. Freiherr von Aretin alarmierte König Max I., der Senefelder das königliche Privileg zur Betreibung der ersten Druckpresse gegeben hatte: Unter Androhung höchster Strafen stellte er den Erfinder unter seinen persönlichen Schutz und ernannte ihn zum »Königlichen Inspektor der Druckerei«. Mit höchsten Auszeichnungen aus ganz Europa blieb Senefelder ein bescheidener Münchner und einer seiner zahlreichen Schüler war der damals 13-jährige Franz Hanfstaengl, der erst ein gefragter Portrait-Lithograph und dann der berühmteste Fotograf des 19. Jahrhunderts wurde.

Fraunhofer
brachte uns die Sterne näher   1813

Wenn der Brandner Kaspar aus dem Paradies auf sein schönes Bayern hinunterblickt, schaut er durch einen »Fraunhofer«, den ihm Petrus zur besseren Sicht gegeben hat. Ein »Fraunhofer« war der Inbegriff für jedes gute Fernrohr, benannt nach Josef von Fraunhofer (1787–1826), einer der genialsten Wissenschaftler seiner Zeit, der den Münchnern und der Welt mit seinen Hochleistungsfernrohren die Sterne näherbrachte. Fraunhofer war das 11. Kind eines Glasermeisters in Straubing und kam als 6-jähriger in die Lehre eines Spiegelschleifers nach München. 1801 stürzte das Haus seines Lehrherrn ein und nur der kleine Josef überlebte: Kurfürst Max Joseph, der spätere König Max I., der sich an den Rettungsarbeiten beteiligte, buddelte ihn eigenhändig aus den Trümmern. 1806 trat er als Optiker in das »Mathematisch-Mechanische Institut« von Georg von Reichenbach ein, das dieser mit Josef von Utzschneider und Josef Liebherr zur Herstellung von astronomischen Geräten gegründet hatte. Fraunhofer entwickelte neue Schleifgeräte, mit denen Linsen in bisher nie gekannter Qualität für Fernrohre und Messgeräte hergestellt werden konnten. Dadurch gelang ihm 1813 die sensationelle Entdeckung der nach ihm benannten »Fraunhoferschen Linien«, der schwarzen Linien im Sonnenspektrum, auf die sich die gesamte moderne Spektralanalyse stützt. Außerdem führte er als Erster Experimente zur Beugung von Licht an optischen Gittern durch, der ebenfalls nach ihm benannten »Fraunhoferschen Beugung«. Mit diesen neuen Erkenntnissen baute er in der Folge Fernrohre von ungeahnter Auflösung, 1824 schuf er für die russische Sternwarte in Dorpat das damals größte Fernrohr der Welt mit einer Brennweite von 4,33 Metern, mit dem 1846 der Planet Neptun entdeckt wurde. Um Fraunhofers Leistungen aufzuzählen, reicht hier der Platz nicht – er ist Ehrenbürger Münchens, zu Lebzeiten mit den höchsten Ehrungen ausgezeichnet, die Fraunhoferstraße und eine Büste in der Ruhmeshalle erinnern heute an ihn und nicht zu vergessen die internationale Fraunhofer-Gesellschaft. Im Alten Südfriedhof ist sein Ehrengrab.

Fraunhofers Denkmal in der Maximilianstraße

Das erste Foto Deutschlands: Die Münchner Frauenkirche

Zwei Münchner sind Deutschlands erste Fotografen: Der Mineraloge und Schriftsteller Franz von Kobell, dessen »Brandner Kaspar« bis heute volle Theater bringt, und der Optiker Carl August
Steinheil, aus dessen optischen Werken die besten Objektive des
19. Jahrhunderts hervorgegangen sind.

Oben: Standort der Aufnahme des ersten Fotos: Ein Fensterbrett der Alten Aka-demie , links der heutige Hettlage, rechts Michaelskirche

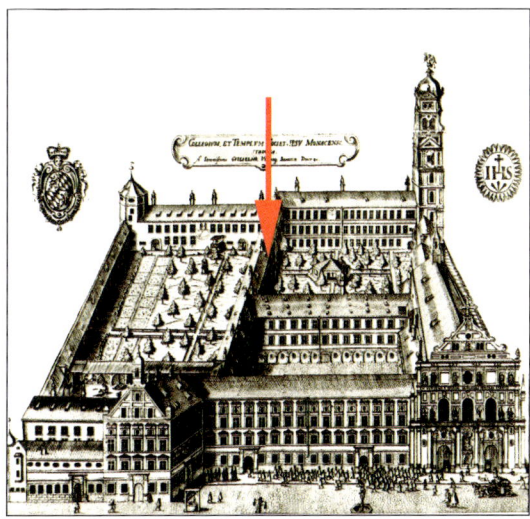

Unten: Erste Aufnahme der Frauenkirche 1838 und heute – vom gleichen Standort aus

Monate bevor am 19. August 1839 in Paris durch Jean Louis Daguerre die Fotografie offiziell »erfunden« wurde, haben die beiden Münchner im Herbst 1838 nicht nur die Frauenkirche von einem Fensterbrett der »Alten Akademie« in der Fußgängerzone fotografiert, sondern am 13. April 1839 ihr Negativ-Positiv-Verfahren auch komplett und kostenlos veröffentlicht!

Neben der Frauenkirche war das Tambosi-Café am Odeonsplatz das zweite Motiv, denn schräg gegenüber wohnte Franz von Kobell, von dessem Fensterbrett im ersten Stock die Aufnahme gemacht wurde. Danach folgten noch Bilder von der Glyptothek und von St. Bonifaz. Nicht zu vergessen sein Shooting bei Königin Therese: »Gestern hatte Professor von Kobell einer Aufforderung Ihrer Majestät der Königin die Ehre, in Nymphenburg einen Versuch über die von ihm und Professor Steinheil aufgefundene Methode zur Fixierung der Bilder der Camera Obscura anzustellen. Ihre Majestät und die anwesenden höchsten Herrschaften bezeigten daran sehr lebhaftes Interesse.« So schrieb die Bayerische Nationalzeitung über die fotobegeisterte Königin am 29. Juli 1839 in Schloss Nymphenburg, als die Fotografie offiziell noch gar nicht erfunden war. Auch dieses Foto ist erhalten und wie andere Motive der beiden Münchner im Deutschen Museum für die Nachwelt gerettet.

Die beiden Fotografen: Der Optiker Carl August Steinheil (rechts) und der Mineraloge und Schriftsteller Franz von Kobell (links)

»Der Münchner« dampfte
mit 59 km/h nach Augsburg

Die erste Eisenbahn in Deutschland war der »Adler« und fuhr 1835 zwischen Nürnberg und Fürth.

Zwei Jahre später begann man in München eine Eisenbahnverbindung nach Augsburg zu bauen und am 26. August 1839 startete die erste Dampflokomotive, die Gleise reichten aber nur bis Lochhausen: »Die Lokomotive ‚Vesta’ hat heute morgen 7 Uhr Lochhausen begrüßt und jubelnden Empfang bei Abfahrt und Ankunft gefunden. Die Heizung geschah mit Buchenholz und entsprach der Erwartung«, schrieb damals die »Augsburger Abendzeitung«.

1841 war die Strecke München–Augsburg endlich durchgehend befahrbar und am 7. Oktober rollte der erste Zug von München ab. Ursprünglich war eine englische Lokomotive vorgesehen, aber den Engländern machte Josef von Maffei einen Strich durch die Rechnung: In seinem Eisenwerk in der Hirschau baute er nämlich

Erste Fahrt von München nach Augsburg mit »Der Münchner«
am 7. Oktober 1841 (Lithographie von Gustav Kraus)

*Der 1847 von Friedrich Bürklein gebaute Hauptbahnhof,
1854 von Franz Hanfstaengl fotografiert*

selbst ausgezeichnete Lokomotiven, von denen eine als erste die
Münchner Strecke einweihen durfte. Sie erreichte eine Höchstge-
schwindigkeit von 59 Stundenkilometer und musste vom Werk in
der Hirschau quer durch die ganze Stadt gezogen werden, bevor sie
am Bahnhof auf den Namen »Der Münchner« getauft wurde: »Die
stattliche Maschine wurde von 10 Pferden gezogen und war aufs
schönste mit Blumen und Girlanden geschmückt. Zu beiden Seiten
derselben gingen die bei ihrem Bau beschäftigt gewesenen Arbeiter,
gegen hundert an der Zahl und Scharen von Neugierigen begleite-
ten dies kunstvolle Werk.«

Nicht alle waren von diesem Verkehrsmittel der Zukunft begeistert, es hagelte Einsprüche und Beschwerden von der Schützengesell-
schaft bis zu den Landwirten und der einstige Eisenbahnbefürworter
König Ludwig I. schrieb an den Bildhauer Martin Wagner: »Ein
schnelles Beförderungsmittel ist die Eisenbahn, aber das Innere der
Städte umgeht sie, als wenn sie nicht beständen, und vom Genuß der
schönen Natur kann nicht mehr die Rede sein. Einer eingepackten,
willenlosen Ware gleich schießt durch die schönsten Naturschönhei-
ten der Mensch, Länder lernt er keine mehr kennen.«

Münchens erster Bahnhof stand auf dem Marsplatz; nachdem er
aber abgebrannt war, baute Friedrich Bürklein den neuen Hauptbahnhof an die alte Ost-West-Handelsroute, wo er auch heute noch
angelegt ist.

Justus von Liebig,
der Erfinder des Suppenwürfels

»Diese Skulpturen! Es ist ja unglaublich! Man kann leicht 3000 Statuen in der Stadt zählen! Dabei ist es immer dieselbe. Wenn die Köpfe Schrauben hätten könnte man sie alle 14 Tage auswechseln und man bräuchte in diesem Fall nur etwa 10 Statuen. Ein Spötter soll bemerkt haben, dass die Fremden in München nur eines zu fürchten hätten, nämlich in Stein verewigt zu werden.« Gustave Courbet (1819–1877), die schillernde französische Malerfigur des Realismus, sah das gleiche, was uns auf Schritt und Tritt in München begegnet, nur fällt's uns nicht mehr auf: Ein Denkmal nach dem anderen! Und jedes Jahr kommt mindestens ein neues dazu. Denkmalaufstellen scheint den Münchnern einfach im Blut zu liegen: »Jetzt hör' ich aber auf, sonst werd ich noch berühmt, und krieg auch ein Denkmal, wo's Wasser rausrinnt!« Der Roider Jackl, Erfinder des Salvator-Derbleckens, hat's auch nicht verhindern können, dass aus ihm heute auf dem Viktualienmarkt Tag und Nacht das Wasser raus rinnt.

*Liebig-Denkmal
am Maximiliansplatz*

Die Gründe, warum einer in München ein Denkmal bekommt, sind so vielfältig wie die Gründe, warum einer den Bayerischen Verdienstorden erhält, oft schwer zu durchschauen! Genauso schwer, warum manche wirklich großartige Persönlichkeiten ziemlich versteckt im Gebüsch ihr Denkmalsleben führen müssen wie der geniale Chemiker Justus von Liebig, total versteckt am Maximiliansplatz. Liebig wurde von König Max II. 1852 nach München geholt und gilt als der Begründer der Lehre der organischen Chemie, der Wegbereiter des Kunstdüngers und der Ernährungsphysiologie. Wie der Maler Courbet vorgeschlagen hat, könnte man heute von vielen Münchner Denkmälern die Köpfe auswechseln, aber beim versteckten Liebig-Denkmal bestimmt nicht: Er war der berühmteste und erfolgreichste Chemiker des 19. Jahrhunderts, auch wenn die meisten von ihm nur eines wissen, dass er das Backpulver und den Suppenwürfel erfunden hat.

1854 Max von Pettenkofer: Münchens Saubermann trank Cholera-Bakterien und blieb gesund

Nach der Cholera-Epidemie von 1854 mit über 3000 toten Münchnern kam eine Kommission unter der Leitung des 36-jährigen Arztes Max von Pettenkofer zum Ergebnis, dass sich die Cholera hauptsächlich entlang der Abwasserkanäle ausgebreitet hatte. Da der Cholera-Erreger selbst aber noch nicht entdeckt war, folgerte Pettenkofer, dass die Infektion durch das Abwasser verbreitet wird.

Münchens Trink- und Abwassersystem war damals katastrophal, von Hygiene keine Spur! Pettenkofer forderte eine moderne Kanalisation, die sofort in Angriff genommen wurde und fand im Oberland reine Trinkwasserquellen, aus denen heute noch Münchens hervorragendes Wasser kommt. Gegen Ende des 19. Jahrhunderts hatte er München zur saubersten Stadt Europas mit den besten hygienischen Verhältnissen gemacht.

Die Leistungen Pettenkofers füllen Bände und sind kaum aufzu-
zählen: 1879 schuf er den weltweit ersten Lehrstuhl für Hygiene.
Spektakulär für die Gerichtsmedizin war sein Arsen-Nachweis im
menschlichen Körper. Er war der erste, der Baumaterialien auf
Gesundheitsverträglichkeit untersuchte, das Periodensystem der
Elemente festlegte, Leuchtgas aus Holz erzeugte und ein Kalk-
brennverfahren erfand, das ihn zum Begründer der deutschen
Zementindustrie machte.

Als 1884 Robert Koch endlich die Cholerabakterien lokalisiert
und nachgezüchtet hatte, bezweifelte Pettenkofer in einem heftigen
Streit, dass das Bakterium der alleinige Auslöser der Epidemien ist
und verteidigte seine Abwassertheorie: Zum Beweis trank er 1892
vor seinen Studenten sogar ein ganzes Reagenzglas voll mit Cholerabakterien – außer einem heftigen Durchfall blieb er aber putz-
munter und sah dies als Beweis seiner Theorie. Der Kampf um seine Choleratheorie verfolgte ihn schließlich bis ans Lebensende, in
seinen Augen ein verlorener Kampf: Nach dem Tod seines Sohnes
und seiner Frau machte er am 10. Februar 1901 in der Münchner
Residenz mit einem Pistolenschuss in die Schläfe seinem Leben
selbst ein Ende.

Max von Pettenkofer

Stereoskopisches Doppelbild zum dreidimensionalen Sehen, Rarität aus dem Fotomuseum

Münchens erste Nacktfotos in den »Geheimen Cabinetten mit Nuditäten«

München platzte in der Mitte des 19. Jahrhunderts aus allen Nähten vor lebenslustigen Künstlern, zu denen damals noch die Fotografen gezählt wurden. Was wären Künstler ohne ihre Musen und Modelle, die sie inspirierten und zur Verzweiflung trieben! Was lag also näher, als solche Objekte der Lust und Begierde mit dieser neuen Technik zu verewigen. Das Sensationelle an der Fotografie waren ja nicht abgelichtete Häuser, sondern Portraits »nach dem Leben«, wie man damals sagte.

In Paris wurden schon 1841 die ersten »académies« verkauft, was nichts anderes waren als Aktfotografien. In München machten in dieser Zeit viele Wanderfotografen Station und der Hinweis in

Hanfstaengl in seinem Atelier, gezeichnet von Pocci

Im »Geheimen Cabinett der Nuditäten«

Zeitungsanzeigen »aus Paris kommend« signalisierte nicht, dass man besonders schöne Fotos machte, sondern dass es in der Fotografen-Bude auch interessante Fotos aus Paris zu sehen gibt – aber mit Sicherheit nicht den Louvre! Deutlicher konnte man nicht werden, denn man lebte ja noch im tiefsten Biedermeier.

Da sind die Zeichnungen des Kasperl-Grafen Franz von Pocci schon eine Sensation, der seinen Freund Franz Hanfstaengl 1854 beim Fotografieren zeigt mit an der Wand lehnenden Aktfotografien, einmal liegend und einmal stehend. Darunter schrieb er, dass bei ihm »Nuditäten unentgeltlich photographiert werden.« Eine andere Zeichnung zeigt ihn zusammen mit Franz von Kobell, Reichsrat von Niethammer und anderen Schaulustigen mit einem neumodischen Stereoscop-Gerät, in dem nichts anderes steckt als eine der liegenden »Nuditäten« – fast wie die hier abgebildete, einem seltenen Prachtstück des Münchner Fotomuseums. Bitte sich die junge Dame dreidimensional vorzustellen.

Stereoscop-Salons waren von 1854–1860 der Renner in München, ob in Gaststätten oder auf der Dult: Dreidimensionale Fotografien lockten tausende an und es gab natürlich immer auch was anderes zu sehen als eine »Reise durch die Gefilde der Natur«, wie der Stereoscop-Salon von Franz Neumayr in der Prannerstraße 1859 in den »Neuesten Nachrichten« heftig dementieren ließ, dass nämlich »diejenigen, welche in dieser gewählten Ausstellung ein geheimes Cabinet mit Nuditäten vermuten, sich sehr getäuscht finden.« Und jetzt wusste es ganz München, wo's was »Geheimes« zu sehen gibt!

Die höchste Eisenbahnbrücke der Welt und ihre traurige Geschichte   1857

Kein anderes Bauwerk Münchens gelangte zu so trauriger Berühmtheit wie die Großhesseloher Brücke. Über 280 Menschen jeden Alters sprangen von ihr in den sicheren Tod auf das Kiesbett der Isar. Erst nach einer Renovierung von 1983–85 und einem Neubau der Gleisanlage konnte der Fußgängerübergang so abgesichert werden, dass ein Sprung von der Brücke unmöglich wurde.

Mit dem schnell wachsenden Eisenbahnverkehr war für die Verbindungen in Richtung Holzkirchen eine Brücke über die Isar unumgänglich und 1851 entschloss man sich, über die hohe aber sehr schmale Stelle bei Großhesselohe eine Eisenbahnbrücke zu bauen. Der Rektor der Königlichen Polytechnischen Schule in München, August von Pauli, entwarf das gigantische Stahlgebilde, das von der Nürnberger Maschinenbaufirma Klett, der Vorläuferfabrik von MAN, gebaut wurde. Das Foto von Franz Hanfstaengl zeigt die erste Belastungsprobe 1857, bei der zwei vollbeladene Dampflokomotiven mit ihren Wägen gleichzeitig über die Brücke fuhren, damals die höchste Eisenbahnbrücke der Welt. Am 31. Oktober 1857 wurde das damalige Wunderwerk der Technik eingeweiht und dem Verkehr übergeben.

Schon bald nach ihrer Fertigstellung zeigte sich die tragische Seite der Brücke: Ein Sturz von ihr war der sichere Tod. An beiden Zugängen wurden Wegkreuze und Marienstatuen mit ewigen Lichtern aufgestellt, um die zum Selbstmord Entschlossenen vielleicht doch noch zur Umkehr zu bewegen. Die genaue Zahl der Todesopfer schwankt, es waren jedoch mindestens 280 Schicksale, die hier tragisch endeten. Angeblich überlebt hat den Sprung in die Tiefe nur eine Frau, deren Kleider sich wie ein Fallschirm geöffnet hatten und so den Sturz abbremsten.

Eine schaurige Vergangenheit hat auch die kleine Brücke unterhalb der Großhesseloher, die über den Werkskanal der Isar führt: Von ihr aus wurde die Asche sämtlicher nach dem Nürnberger Prozess hingerichteten Nazi-Verbrecher ins Isarwasser gestreut.

Die Großhesseloher Brücke 1857 bei einer Belastungsprobe, aufgenommen von Franz Hanfstaengl

München leuchtete

Lenin in »Wahnmoching«

»Wahnmoching heißt wohl ein Stadtteil, aber das ist nur ein zufälliger Umstand«, schrieb Franziska zu Reventlow, die schillerndste Figur des alten Schwabings in der Prinzregentenzeit. 1895 kam die »Schwabinger Gräfin« zum Malstudium nach München und war in Schwabinger Künstlerkreisen als Verfechterin der »freien Liebe« bald bekannt wie ein bunter Hund. Sie wechselte die Liebhaber wie diese ihre Hemden und nannte sie in ihrem autobiografischen Roman »Herrn Dames Aufzeichnungen« ganz einfach »Begleitdoggen«.

Es war die große Zeit des Simplizissimus mit Thomas Theodor Heine als Zeichner und Ludwig Thoma als hinterfotzigem Schreiber, die immer dann schuld waren, wenn mal wieder eine Ausgabe wegen »Majestätsbeleidigung« beschlagnahmt wurde.

Kuriose Gestalten schlichen damals durch Schwabing wie der »Kohlrabi-Apostel« Wilhelm Diefenbach, Vegetarier und FKK-Verfechter, der wegen »öffentlichen Unfugs« angezeigt wurde, weil

Franziska zu Reventlow, eine der schillerndsten Figuren des alten Schwabings

er im Englischen Garten einmal nackert in der Sonne lag. Oder wie Erich Mühsam, hauptberuflich »Revoluzzer«, der aber auch zu solch skurrilen Gedichten fähig war: »Es stand ein Mann am Siegestor, der an ein Weib sein Herz verlor, das ist zwar nichts Besunderes, ich aber, ich bewunder es.«

Natürlich war die Reventlow auch im weihrauchumwaberten Mysterienkreis des schon völlig ins Überirdische abgehobenen Stefan George zu finden, der aber auch wunderbar surrealistisch über München schwärmen konnte: »Heimat deucht uns erst, wo unsre Frauen Türme tragen!«

Wilhelm Diefenbach,
der »Kohlrabi-Apostel«

Um 1900 schrieb in der Kaiserstraße 46 ein unbekannter Russe, der sich bei der Polizei ganz münchnerisch als »Herr Meier« angemeldet hatte, zwei politische Aufsätze. Der eine hieß »Womit beginnen?«, der andere »Was tun?« Siebzehn Jahre später wusste er es und führte unter dem Namen Lenin die Oktoberrevolution an.

Ein anderer Russe hieß Wassily Kandinsky und wurde auf friedliche Weise weltberühmt: In der Friedrichstraße 1 malte er die ersten abstrakten Gemälde. Seine Nachbarn waren Paul Klee, Franz Marc, Gabriele Münter, Thomas Mann, und Rainer Maria Rilke war in der Ainmillerstraße zuhause. Wahnmoching war eben noch eine wirkliche Traumstadt.

Wladimir I. Lenin

»München leuchtete«
in der Prinzregentenzeit

Die Prinzregententorte ist eine Schokoladenbuttercremetorte, in
der Prinzregentenstraße steht man meist im Stau und das Prinzregententheater ist das Münchner Ersatz-Bayreuth, dann gibt's noch
die Prinzregentenbrücke, das Café Luitpold und auch der Luit-
poldpark ist nach dem Prinzregenten benannt: kein Wittelsbacher
ist in München so oft namentlich verewigt – wer war denn dieser
»Herr Prinzregent«? »Man wird sagen ich sei der Mörder«, rief
Prinz Luitpold, wie er nämlich wirklich hieß, am 14. Juni nach dem
Tod seines Neffen Ludwig II. vom Starnberger See aus und es dauerte, bis sein Image als Königsmörder verblasste. Luitpold war das
fünfte Kind von König Ludwig I. und Therese von Sachsen-Hildburghausen, zu deren Hochzeit erstmals das Oktoberfest gefeiert
wurde. Sein Bruder Max war König Maximilian II. und sein Bruder
Otto wurde König von Griechenland, weshalb Bayerns Nationalfarben weiß-blau in umgekehrter Folge blau-weiß bis heute die
Nationalfarben Griechenlands sind. Luitpold machte eine Militär-

Karriere und brachte es bis zum
Generalinspekteur der Armee,
er reiste viel, war aber auch der
ständige königliche Ansprech-
partner in München, wenn
König Ludwig II. wie so oft aus
München geflüchtet war und
die Baustellen seiner Schlösser
inspizierte. Nach dessen Tod
regierte er als »des Königreich

Prinzregent Luitpold

Bayerns Verweser« mit Bescheidenheit und ungeheurem Fleiß, und das anfängliche Misstrauen der Bevölkerung schlug allmählich in echte Beliebtheit um. Die »Prinzregentenzeit« bis zu seinem Tod 1912 wurde für München und für ganz Bayern ein kleines goldenes Zeitalter, in dem sich wie unter Ludwig I. Künstler jeder Gattung entfalten konnten, der Jugendstil seine schönsten Blüten trieb, Schwabing zum Inbegriff des Münchner Künstlerviertels wurde und Thomas Mann in seiner Novelle »Gladius Dei« der Stadt München das Logo dieser Zeit verpasste: »München leuchtete ...«. Unzählige Anekdoten schildern den humorvollen und bürgernahen Luitpold letztlich als ungemein beliebten Regenten, der bis ans Lebensende täglich ein gutes Dutzend riesiger Zigarren rauchte und trotzdem 91 Jahre alt wurde – sein Sarkophag steht heute in der Krypta der Theatinerkirche.

Der Räuber Kneißl: In München habens ihn herg'richt in Augsburg habens ihn hing'richt

1902

Kurz vor seiner Hinrichtung am 21. Februar 1902 schrieb Mathias Kneißl mehrere Abschiedsbriefe, in einem davon bedankte er sich beim Arzt der Chirurgischen Klinik in München, der ihm nach seiner Verhaftung das Leben rettete und ihn nach allen Regeln der Kunst zusammenflickte. Richtig auf die Beine stellen konnte er ihn nicht mehr, wie die im Hof der Klinik aufgenommenen Bilder aus dem Archiv des Münchner Polizeipräsidiums zeigen. Erst dann konnte dem »Räuber Kneißl« in Augsburg der Prozess gemacht werden, der mit dem Todesurteil endete. »In München habens ihn herg'richt, in Augsburg habens ihn hing'richt« hieß ein geläufiger Spruch über den populären Räuber.

Mathias war das älteste von sechs Kindern armer Gastwirtsleute der Schachermühle bei Sulzemoos. Nach dem Tod des Vaters und einer Verhaftung der Mutter wegen eines Diebstahls waren die Kinder auf sich alleine gestellt. Mathias und sein Bruder Alois nervten

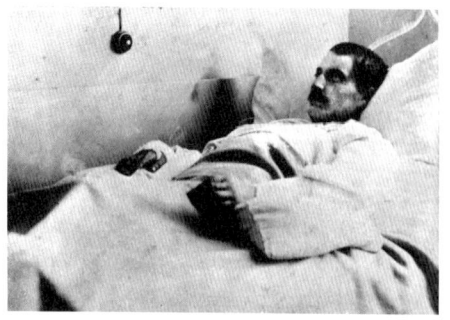

Kneißl im Krankenbett der Chirurgischen Klinik

die Umgebung durch Diebstähle und Wilderei und schossen bei einer versuchten Festnahme zwei Gendarmen krankenhausreif. Nach einer 6-jährigen Haftstrafe finanzierte er sein Leben wieder durch Diebstähle und Wilderei, bei der er bei Kleinbauern und Taglöhnern gute Abnehmer fand, die ihn auch immer deckten. Am 30. November 1900 versuchte Kneißl beim Flecklbauer in Irchenbrunn bei Dachau zu übernachten, wurde aber verraten und erschoss bei der versuchten Verhaftung zwei Polizisten.

Über ein Jahr konnte sich Kneißl bei Freunden verstecken und je länger die Fahndung lief, umso mehr wuchs bei der Bevölkerung seine Sympathie. Spottgedichte auf die Obrigkeit entstanden, Kneißl-Schnaderhüpfl, Karikaturen folgten und die Polizei wurde zum Gespött. Erst die hohe Belohnung von 1000 Mark trieb am 4. März 1901 einen neuen Verräter zur Polizei und nach einem 30-minütigen Dauerbeschuss durch 150 Polizisten wurde er nach einem lebensgefährlichen Bauchschuss in einem Bauernhof bei Fürstenfeldbruck verhaftet.

Die Geschichte des Räuber Kneißl lebt in zahlreichen Büchern, Filmen, Theaterstücken und Legenden weiter, von denen die bekannteste sein angeblicher Spruch auf dem Weg zur Guillotine gewesen sein soll: »d'Woch fangt ja guat o!«, der, wenn schon nicht wahr, dann doch gut erfunden ist: der 21. Februar 1902 war nämlich ein Freitag ...

Kneißl im Innenhof der Klinik,
mühsam gestützt

Kathi Kobus mit ihren Gästen im Simplizissimus

Der legendäre »Alte Simpl«

In der Nacht zum 1. Mai 1903 zog eine seltsame Prozession durchs alte Schwabing: Angeführt von Frank Wedekind mit Gitarre sangen dahinter mit brennenden Kerzen und in allen Stimmlagen Ludwig Thoma, die Karikaturisten Olaf Gulbransson, Eduard Thöny und Thomas Theodor Heine. »Hinten-drein marschierten wir anderen mit Tischen, Stühlen, Theke und Weinre-galen«, wie René Prévot über die »Gründung« des »Alten Simpl« schrieb. Der Grund: Kathi Kobus, die Wirtin der »Dichtelei« in der Adal-bertstraße hatte sich wieder mal mit dem Hausherrn verkracht. Als in der Türkenstraße der »Kronprinz Ru-dolf« frei wurde, schlug sie zu und

Kathi Kobus

Toni Netzle mit den Stamm-
gästen Mechthild und
Wolfgang Sawallisch

alle Stammgäste orga-
nisierten den feucht-
fröhlichen Umzug ins
neue Lokal. Vom Ver-
leger Albert Langen
erschlich sie sich den
Namen der bekannten
Satire-Zeitschrift
»Simplizissimus« und
Simpl-Zeichner Heine
wandelte den ketten-
sprengenden in einen
sektkorkensprengen-
den Simplhund um. Auf einem winzigen Podium konnte jeder sin-
gen, musizieren oder vortragen und die Wände dienten als ständige
Gemäldegalerie. All die bekannten Namen hier aufzuzählen, die an
Kathi Kobus' Tischen saßen ist unmöglich. Genauso unmöglich wie
bei ihrer Nachfolgerin seit den 60er Jahren Toni Netzle, die im
Wesen ihre Zwillingsschwester hätte sein können. Auch sie ließ
Künstler auftreten wie Gert Fröbe, Lale Andersen oder die Ofarims,
und wie damals unter Kobus wurde Netzles »Alter Simpl« das
Münchner Künstlerlokal schlechthin. »Hier sitzen immer die, die
immer hier sitzen« stand über den Stammtischen und wer hier über
längere Zeit von »der Toni« geduldet wurde, schwärmt heute noch
über die unglaublichsten Szenen prominenter Münchnerinnen und
Münchner, die sich jede Nacht hier abspielten. Manche mieteten
sich sogar eine Wohnung in der Nähe, damit man um 4 Uhr früh
schneller zuhause war. Es war eben wie bei Kathi Kobus, als ihr
Hausdichter Joachim Ringelnatz sang: »Und mich zieht's mit Gei-
sterhänden, ob ich will, ob nicht, ich muß nach den bildgeschmück-
ten Wänden in den Simplicissimus«.

Das Münchner Kindl und sein Modell

Ob von München gegründet oder später von München besiedelt: Ein Mönch ist das Hoheitszeichen der Stadt München. Die ältesten Stadtsiegel stammen aus den Jahren 1239 und 1249 und zeigen einen Mönch unter einem Stadttor und befinden sich im Besitz des Münchner Stadtarchivs. Der Name »München« leitet sich aus dem Mittelhochdeutschen ab, in dem das Wort »Mönch« wie »Münich« ausgesprochen wurde. Der Weg zu »Münichen« und »München« war nur logisch.

Einmalig in der Wappenkunde ist beim Münchner Stadtwappen die Verjüngung des Mönches zum Kind sowie die Geschlechtsumwandlung vom Buben zum Mädchen bis hin zur Mutation in ein geschlechtsneutrales »Münchner Kindl«. Von Straßenbahnen über Kanaldeckel, Maßkrügen, Kitschpostkarten bis hin zu amtlichen Schriftstücken und Todesanzeigen: Das Münchner Kindl begegnet einem so oft, dass man es kaum mehr wahrnimmt.

Das offizielle Stadtwappen zeigt neben dem Mönch auch einen Löwen, der 1313 im Hoheitszeichen auftaucht und auf die Wittelsbacher hinweist, die seit 1240 alleinige Stadtherren waren und seit 1255 im »Alten Hof« residierten. Auch die Stadtfarben schwarz-gelb stammen von den Wittelsbachern ab, die im 15. Jahrhundert mit schwarz-gelben Rauten aus dem Wappen Kaiser Ludwigs des Bayern die Kaiserwürde ihrer Linie zum Ausdruck bringen wollten.

Das vom Bildhauer Anton Schmid 1905 geschaffene Münchner Kindl vor der Hebung auf die Spitze des Rathausturms, vorne hervorgehoben mit rotem Pfeil das »Modell«, der Sohn des Künstlers, der spätere Volksschauspieler Ludwig Schmid-Wildy.

Ludwig Schmid-Wildy

Das größte und bekannteste Münchner Kindl misst 1,80 Meter und steht in 85 Metern Höhe auf der Spitze des Rathausturmes. Es ist eine Kupfertreibarbeit des Bildhauers Anton Schmid aus dem Jahr 1905 und zeigt eindeutig einen Buben als Mönch, die rechte Hand zum Schwur ausgestreckt, in der linken Hand eine Bibel. Modell dazu stand tatsächlich ein echtes Münchner Kindl, der damals 10-jährige Sohn des Bildhauers, den viele unter seinem Doppelnamen als beliebten Volksschauspieler noch kennen werden: Ludwig Schmid-Wildy!

1905 Vom Groschenwagen zur U-Bahn

»Einem längst gefühlten Bedürfnisse unserer Residenzstadt abzuhelfen ist der Unterzeichnete gesonnen, auf der Strecke des Bahnhofs bis zur Mariahilfkirche regelmäßige Omnibusfahrten durch die Neuhauser- und Kaufingerstraße, Marienplatz, Tal, über die Isarbrücke und zurück einzurichten. In allen genannten Straßen kann ein- und ausgestiegen werden. Die Fahrtaxe ist ohne Rücksicht auf die zurückgelegte Strecke auf 6 Kreuzer â Person festgesetzt. Am Rathause wird bei den Fahrten zwei Minuten angehalten. München, den 15. Juni 1861, Michael Zechmeister, bürgerlicher Lohnkutscher.« Diese Erklärung gegenüber der Polizeidirektion ist die Geburtsstunde der Münchner Massenverkehrsmittel. Nach 1852 in New York und 1854 in Paris fuhren 1861 in München die ersten Pferdebahnen, eher als bei den Preußen 1865 in Berlin! Drei »Groschenwagen« konnten insgesamt 74 Personen gleichzeitig transportieren und fuhren zweimal am Vormittag und dreimal am

Nachmittag. »Frauenspersonen ist verboten die Galerie zu besteigen«, stand in den Betriebsvereinbarungen, denn einige Plätze befanden sich auf dem Dach des »Stadt-Omnibus«, wie die erste Straßenbahn offiziell hieß. Die feschen Münchnerinnen hielten sich jedoch nicht daran und es sind sogar einige Anzeigen aus den ersten Jahren aktenkundig. »Handgepäck ist frei, größeres Stück wird

Der erste »Groschenwagen« von Michael Zechmeister aus dem Jahr 1861

Zechmeisters Pferdebahn bereits auf Schienen 1871 in der Zweibrückenstraße

Münchens erste elektrische Trambahn 1895

nicht angenommen«, man war ja kein Möbelwagen. Nach organisatorischen Anfangsschwierigkeiten weitete Zechmeister sein Streckennetz rasch aus und erfand 1871 die Fahrscheinreklame: für 1000 Fahrscheine kostete der Werbeaufdruck 1 Gulden. 1876 gründet die Stadt eine eigene Straßenbahngesellschaft und kaufte

1882 für 15.000 Mark dem Konkurrenten Zechmeister sein Unternehmen ab. Von da an ging's rasant weiter vom elektrischen Stangerlwagen über die Trambahnschienenritzenreiniger bis zur heutigen U-Bahn.

Münchens letzter Trambahn-
schienenritzenreiniger 1951

Champignonzucht im U-Bahnschacht

»Das Verkehrsministerium hat den Auftrag erteilt für eine Unter-
grundbahn vom Hauptbahnhof zum Ostbahnhof und vom Hauptbahnhof über den Karlsplatz nach Haidhausen und zurück. Diese
Pläne sind bereits von der königlich-bayerischen Staatseisenbahn
vollendet worden.« Wie man am »königlich-bayerisch« sieht, reicht
die Idee einer Münchner U-Bahn bis in die Zeit des Königreichs
zurück, aber es blieb damals bei den Plänen, über die in den »Neuesten Nachrichten« am 9. November 1905 geschrieben wurde,
gebaut wurde sie nicht. Gebuddelt wurde zum ersten Mal 1938 in
der Lindwurmstraße, als am 23. Mai dieselbe Zeitung berichtete:
»Der Baumeister des Großdeutschen Reiches Adolf Hitler hat am
gestrigen Sonntag das Zeichen zur Arbeitsaufnahme an der U-Bahn
der Hauptstadt der Bewegung gegeben.« Aber der »große Baumeister« kam nicht weit, denn nach knapp 500 Metern musste das
Unternehmen eingestellt werden, die Arbeiter wurden im Krieg
gebraucht und die Einfahrtslöcher waren schnell zugebombt. In der
Not der Nachkriegsjahre erinnerte sich dann ein findiger Münchner
an den alten Schacht und eröffnete drunten eine lukrative Champignonzucht, denn das Schwammerlklima in der alten Röhre war
ideal für die damals als Delikatesse geachteten Pilze. So selbstverständlich heute die U-Bahnen kreuz und quer unter der Stadt hin-
durchrasen, so kompliziert und von Fehlprognosen begleitet war in
den 60er Jahren dann der Weg ins heutige U-Bahn-Zeitalter: So
glaubte damals Stadtplaner Prof. Kurt Leibbrand allen Ernstes, dass
auf dem Gelände des heutigen Mittleren Rings zwischen Ramers-

Champignonzucht
im U-Bahnschacht
Lindwurmstraße 1951

U- und S-Bahn-Baugrube Marienplatz 1968

dorf und Effnerplatz in Zukunft Weideland mit großen Schafherden entstehen würde. Die wenigen Realisten sammelte Oberbürgermeister Dr. Hans Jochen Vogel um sich, allen voran Professor Herbert Jensen, der den Alptraum einer »autogerechten Innenstadt« beendete und die Fußgängerzone erfand. Und Dr. Klaus Zimniok, der als »Obermaulwurf« allen Widerständen zum Trotz am 23. August 1964 in der Ungererstraße erstmals zu wühlen begann, in kürzester Zeit die gesamte Innenstadt in eine einzige Baugrube verwandelte und mit Recht der »Vater der Münchner U-Bahn« genannt werden darf.

1910 Biergarten neben dem Rollfeld

Wer in den 50er Jahren mit dem Flugzeug in Riem landete, wusste sofort: »Ich bin in München!« Denn keine 50 Meter neben dem Flugzeug konnte er in einem Biergarten die erste frische Maß trinken. Keine Security und kein Zaun verhinderten den Willkommenstrunk, nur ein paar Blumentöpfe trennten die Flugzeuge von den Maßkrügen. Prominente Gäste, wie Romy Schneider, die am 6. Februar 1950 in Riem landete, wurden natürlich auch mit einer frischen Maß begrüßt, das waren Zeiten!

Nicht anders 1910, als Flugpionier Gustav Otto auf dem Oberwiesenfeld, dem heutigen Olympiapark, in 20 Meter Höhe eine 5 Kilometer lange Schleife über die Freimanner Biergärten drehte und wieder sicher landete. Gleich danach flog Otto Lindpainter über Puchheim nach Allach und wieder zurück, und von da an war das Oberwiesenfeld Münchens erster Flugplatz. 1911 startete Helmut Hirth von dort den ersten Langstreckenflug nach Berlin und kam nach 5 Stunden und 41 Minuten unversehrt bei den Preußen an. Gustav Otto war nicht nur Flugpionier, sondern gründete 1914

die erste Flugmaschinenfabrik, die 1916 nach einer Fusion zur Bayerischen Motoren-Werken BMW wurde. Jetzt hielt die Münchner nichts mehr am Boden: 1915 wurde die »Bayerische Lufthansa« gegründet und eine große Start- und Landebahn angelegt. 1919 begann der zivile Flugverkehr, langsam natürlich, denn in der Woche starteten nur ein paar Maschinen. 1930 wurde mit München-Mailand die erste Auslandsstrecke eröffnet und im Jahr darauf folgte München-

Vom Olympiapark noch keine Spur: Flughafen Oberwiesenfeld 1967

A frische Maß im Flughafenbiergarten Riem 1950

Rom. Doch kaum war Oberwiesenfeld in Betrieb, war es schon zu klein und 1936 begann man auf dem Gelände in Riem für damalige Zeiten einen Riesenflugplatz anzulegen, der wenige Wochen nach Beginn des 2. Weltkrieges am 25. Oktober 1939 mit einem Berlinflug eröffnet wurde und bei einem einzigen Luftangriff am 9.

April 1945 völlig zerstört wurde. Seit 1948 konnte Riem wieder angeflogen werden und die gemütliche Zeit der Biergartenlandungen hatte begonnen – auch die ist längst Geschichte, denn seit dem 17. Mai 1992 kann man München aus der Luft nur noch über den Franz-Josef-Strauß-Airport erreichen.

Romy Schneiders Ankunft
am 6. Februar 1950

München und »Der Blaue Reiter«

Mit der Städtischen Galerie im Lenbachhaus untrennbar verbunden ist die weltberühmte Bildersammlung »Der Blaue Reiter«, benannt nach der von Franz Marc und Wassily Kandinsky 1911 gegründeten Künstlergemeinschaft, der auch Paul Klee, Gabriele Münter, August Macke, Alfred Kubin und Alexej von Jawlensky in zwangloser Form angehörten. Wiederum untrennbar verbunden damit ist auch das »Künstlerviertel Schwabing«, das damals tatsächlich existierte, denn hier waren sie alle zuhause: Franz Marc in der Friedrichstraße 4, gegenüber Kandinsky in der Friedrichstraße 1 und Paul Klee in der Feilitzschstraße 3. Auch Tänzer und Komponisten fanden sich in der Idee wieder, dass die verschiedenen Erlebniswelten des Menschen durch die Kunst zusammengeführt werden können, wobei alle Kunstformen gleichberechtigt sind. Der Name »Blauer Reiter« entstand bei einem Kaffeekränzchen von Marc und Kandinsky, »beide liebten wir Blau, Marc Pferde, ich Reiter. So kam der Name von selbst«, wie Kandinsky

Nina Kandinsky und Oberbürgermeister Georg Kronawitter 1979 bei der Übergabe der Bildersammlung an die Stadt München im Lenbachhaus.

sich erinnerte. Die erste der beiden Ausstellungen des Blauen Reiters fand vom 18. Dezember 1911 bis zum 1. Januar 1912 in der Modernen Galerie Heinrich Thannhauser in München statt. Sie zeigte 49 Werke von Henri Rousseau, Albert Bloch, Heinrich Campendonk, Robert Delaunay, Wassily Kandinsky, Henri Matisse, August Macke, Gabriele Münter u. a. Anschließend ging sie auf Tournee, unter anderem nach Köln und Berlin.

Anlässlich ihres 80. Geburtstags vermachte Gabriele Münter im Jahr 1957 einen großen Teil ihres Nachlasses der Stadt München und schuf damit die Voraussetzung, dass »Der Blaue Reiter« in der Städtischen Galerie im Lenbachhaus in München so großzügig vertreten ist. Das letzte wertvolle Geschenk konnte 1979 der damalige Oberbürgermeister Georg Kronawitter entgegennehmen, als Nina Kandinsky eine große Gemäldesammlung aus dem Nachlass Wassily Kandinskys dem Lenbachhaus vermachte.

*Die Atelierhäuser von
Wassily Kandinsky, Franz Marc
und Paul Klee*

Deutschlands
heimliche Hauptstadt

»A Ami, der a Radl flickt ...«

Am 30. April 1945 übernahmen die »Amis« nach der bedingungslosen Kapitulation die Befehlsgewalt in München. Die Besetzung war nicht ohne groteske Situationen, wie Ernest Langendorff erzählte, als er die Oberpostdirektion »eroberte«: »Da hoben die Leute die Hände und einer meldete: ,Alle Waffen sind gesammelt, ich heiße Adolf Führer!' Ich konnte mir das Lachen kaum verbeißen.« Das wichtigste für die Amerikaner war die Sicherung der Ernährung und Aufrechterhaltung von Sicherheit und Ordnung, wofür sie Karl Scharnagl als Oberbürgermeister einsetzten. Ein Jahr später wurde die erste freie Kommunalwahl abgehalten, bei der Scharnagl bestätigt wurde. Die ehemalige Reichszeugmeisterei an der Tegernseer Landstraße wandelten die Amis in die »McGraw-Kaserne« um, benannt nach Francis X. McGraw, einem US-Kriegshelden, der 1944 ums Leben kam und aus der SS-Kaserne in Freimann wurde die »Warner-Kaserne«. Angesichts der katastrophalen Wohnungsnot traf die Münchner die Beschlagnahmung vieler intakter Privatwohnungen und Häuser besonders hart. Auch Erholungsplätze wie das Dantebad, Gut Menterschweige oder das Seehaus am Kleinhesseloher See waren nur mehr dem Militär vorbehalten. Andererseits waren die Münchner froh, von den Amis besetzt zu sein und nicht

A Ami, der a Radl flickt

von den anderen Siegermächten. Es ging schnell, sehr schnell locker zu zwischen Besatzern und Besetzten, wozu auch Hilfsaktionen für Münchner Kinder und die Einführung einer täglichen Schulspeisung beitrugen. Völlig hingerissen waren die Amis natürlich von den schönen Münchnerinnen, die eigentlich mit dem »Deutschen Fräuleinwunder« gemeint waren. »American Way of Life« war schnell in der ganzen Stadt zu spüren mit Bars, Discotheken und Soldatenclubs. Münchner Kinder putzten die sagenhaften »Amischlitten« und erhielten großzügig Trinkgeld und manche staunten, dass die Amis ganz normale Menschen sind: »A Ami, der a Radl flickt, is wie a Katz, die Socken strickt. Des hom no wenig g'sehn, und doch is gestern g'schehn!«, dichtete Herbert Schneider 1954 in der Münchner Stadtzeitung zu einem »unglaublichen« Foto von Rudi Dix. Am 30. April 1992, auf den Tag genau nach 47 Jahren wurde der Standort München von den Amis aufgelöst.

Rama dama – München räumt auf   1949

Mit der spektakulären Schutträumaktion »Rama dama!« (= räumen tun wir!) ist untrennbar der schaufelschwingende »Wimmer Damerl« (= Thomas Wimmer) verbunden, wie er mit hochgekrempelten Ärmeln 1949 am Marienplatz eigenhändig den Bombenschutt des 2. Weltkrieges wegräumt. Das ist aber nur die halbe Wahrheit: Die Idee zu dieser alle Münchner und viele Gruppen aus der Umgebung anfeuernden Aktion, endlich die riesigen Schuttberge in der Innenstadt abzutragen, stammt von Dr. Felix Buttersack (1900–1986), Herausgeber und Gründer des Münchner Merkur. OB Thomas Wimmer war sofort begeistert und schaufelte mit gutem Beispiel voran.

Es mussten unvorstellbar große Schuttberge mit primitivsten Mitteln abgetragen und aus der Stadt geschafft werden. »Wie aus einem Bericht des Wiederaufbaureferates hervorgeht, hat die Schutträumung in diesem Monat den Rekord gebrochen. Die Leistung im Monat Juli beträgt 112.650 Kubikmeter bewegter Schuttmasse«, schrieb der Chronist des Stadtarchivs schon 1947. Aber es reichte bei weitem nicht, die hungernde und obdachlose Bevölke-

Thomas Wimmer am Marienplatz

rung musste mit irgendeiner Aktion fürs Schuträumen begeistert werden. Aus dieser Not heraus kam Dr. Buttersack die Idee »Rama dama!« Die Stadtchronik am 29. Oktober 1949: »Heute früh zwischen 7 und 8 Uhr herrscht am Königsplatz ungewöhnlich reges Leben. Die lange Reihe der 450 LKW, darunter 300 amerikanische, will beitragen, München vom Schutt zu befreien. Bäcker und Metzger stiften die Brotzeit, die Brauereien das Bier.« Bis aus dem Tegernseer Tal kamen schaufelschwingende Bauern nach München, Schulklassen buddelten den Schulhof frei: Täglich krempelten wie Thomas Wimmer über 7000 Münchner die Ärmel hoch zum großen Rama dama. Aber wohin mit dem Schutt? Drei große Berge wurden damit aufgeschüttet, von denen heute kaum einer weiß, dass sie aus den Trümmern des Krieges bestehen: Im Norden der Olympiaberg und der Luitpoldberg, im Süden der Neuhofer Berg, der unter sich sogar eine völlig intakte Häuserreihe verschüttete, da man keine andere Wahl hatte, den Schutt abzuladen.

Der Schutt wurde auf eigens zu diesem Zweck verlegten Schienen abtransportiert.

Weltstars in Deutschlands
heimlicher Hauptstadt

Jetzt kamen sie alle wieder zurück, die der Krieg ins Ausland getrieben hatte: Künstler, Schriftsteller, Schauspieler, Musiker – aber nicht ins geteilte Berlin, sondern nach München, »Deutschlands heimlicher Hauptstadt«, wie der Spiegel wenig später seine Titelgeschichte über München nannte.

Die Abendzeitung reagierte schon lange davor und erschien am 20. Oktober 1952 mit der ersten Klatschkolumne Deutschlands, der ersten regelmäßigen Berichterstattung über die Promis dieser Welt. Die Idee kam ihrem Redakteur Hannes Obermaier auf einer Amerikareise, wo er die bekannten Kolumnen der Edda Hopper und Louella Parsons gelesen hatte. »Sowas könnt' ma doch auch machen!«, sagte er in einer Konferenz. Sigi Sommer war sofort begeistert, Chefredakteur Heizler und Herausgeber Werner Friedmann stimmten auch zu. Auf dem Tisch lagen Obermaiers amerikanische Zigaretten »Hunter« – Werner Friedmann nahm die Schachtel, zeigte sie der Runde und der Name war geboren: »Hunter«. Die Münchner verschlangen tagtäglich gierig Hunters Klatsch

Skandal um Hildegard Knef, die sich 1952 in »Die Sünderin« für eine Sekunde nackt zeigte.

O. W. Fischer nach seinem missglückten Hollywood-Start, oben: Fotograf Rudi Dix, unten Hannes Obermaier

DEUTSCHLANDS HEIMLICHE HAUPTSTADT 153

Alfred Hitchcock anlässlich
der Premiere von »Psycho«

Startenor Mario Lanza mit dem
Begrüßungsbier

und Tratsch aus der großen weiten Welt: »Mei, hast den Hunter heit wieder g'lesen!« Der Name wurde von den Münchnern natürlich wie »Hund« ausgesprochen, denn alle glaubten, er heißt wirk-

Thomas und Erika Mann 1952
vor dem Hotel Vier Jahreszeiten

Oskar Maria Graf bei seiner
Rückkehr aus Amerika

Ankunft von Gina Lollobrigida 1955 auf dem Hauptbahnhof

lich so; dass er sich aber als »Jäger« nach Promiklatsch empfand, wusste niemand. Trotzdem: »a Hund« war Johann Baptist Obermaier schon, der auch ein Ur-münchner hätte sein kön-nen, wäre er nicht in Mühldorf am Inn geboren. Bis ans Ende sei-ner Zeit bei der Abendzeitung 1970 konnte ihm niemand in Deutschland das Wasser, pardon: den Schampus reichen! Er war Münchens einziger Redakteur mit einem Zweitbüro an der Bar des Hotels Bayerischer Hof, mit Briefkasten und Telefon versteht sich. Da konnten Gina Lollobrigida, O. W. Fischer, Hildegard Knef, Curd Jürgens, Brigitte Bardot oder Romy Schneider noch so von Reportern umlagert sein, die einzigen wirklichen Neuigkeiten las man anderntags ausschließlich beim »Hunter« in der Abendzei-tung.

Triumphzug zum Marienplatz: Deutschland ist Fußballweltmeister   1954

»Es gibt die ersten Ohnmächtigen. Schon rollt ein Lautsprecherwa-gen der Polizei heran: »Bewahren Sie jetzt bitte Ruhe!« Ein paar älte-re Polizeiwachtmeister haben den glücklichen Einfall, die Kinder aus den Menschenmassen herauszuklauben und nach vorn zu holen. Der Reporter des Münchner Merkur schreibt am 6. Juli 1954 als würde er eine Live-Übertragung machen, und in München herrscht an die-sem Tag wirklich der Ausnahmezustand. Von den 908.572 Einwoh-nern steht mindestens die Hälfte zwischen Hauptbahnhof und Marienplatz. »Radio Holzinger unterhält die brodelnde Menschen-masse mit Schallplattenmusik. ,Zweiundzwanzig Beine' sind längst gespielt, der ,Theodor im Fußballtor' und ,Dreimal hat's gekracht'

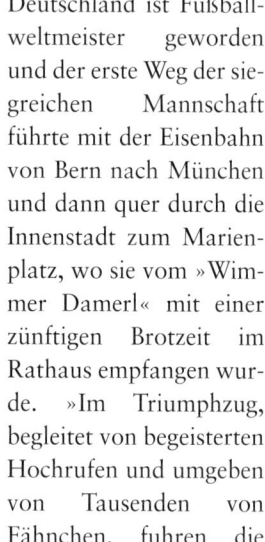

war auch schon dran.« Deutschland ist Fußballweltmeister geworden und der erste Weg der siegreichen Mannschaft führte mit der Eisenbahn von Bern nach München und dann quer durch die Innenstadt zum Marienplatz, wo sie vom »Wimmer Damerl« mit einer zünftigen Brotzeit im Rathaus empfangen wurde. »Im Triumphzug, begleitet von begeisterten Hochrufen und umgeben von Tausenden von Fähnchen, fuhren die überglücklichen Spieler durch die aufgestörte Stadt. Die Stadtverwaltung und die meisten Betriebe hatten ihren Angestellten und Beamten freigegeben. An den Straßen standen die Schulklassen, die Baugerüste waren bis zum Brechen überfüllt«, schrieb der Chronist im Stadtarchiv. Die Fotos von Rudi Dix erzählen mehr als Worte über diesen triumphalen Empfang sagen könnten. Nach dem zusammengebombten Nazi-Geschrei »heute gehört uns Deutschland und morgen die ganze Welt« wurde Deutschland im friedlichsten aller Wettbewerbe Weltmeister. Und es war wohl die größte Menschenmasse, die jemals gleichzeitig in Mün-

Ganz München auf den Beinen

chen auf die Straße ging. Noch Tage danach drängten sich Menschentrauben »ehrfürchtig« vor dem Schaufenster eines Sportgeschäftes: »Den historischen Fußball, den die deutsche Elf am Sonntag in Bern dreimal in das ungarische Tor jagte und damit den Weltmeistertitel errang, stellte das Sporthaus Münzinger zusammen mit den Fußballschuhen der Stürmer-Asse Fritz Walter, Max Morlock und Helmut Rahn in einem Schaufenster aus. Die Original-Schuhstiefel fanden zahllose ehrfürchtige Zuschauer.«

Die Stinkkarren des Wimmer Damerl   1954

Der Wimmer Damerl heißt eigentlich Thomas Wimmer, aber für die Münchner war er »da Wimma« und wenn man genügend Zeit hatte »da Wimmer Damerl«. Für das Nachkriegsmünchen war er ein Symbol für »Anpacken und das Leben geht weiter«, genauso wie Ludwig Erhard mit qualmender Zigarre der Inbegriff des Wirtschaftswunders war. Die für Wimmer typische Handbewegung war »Ärmelhochkrempeln«. Ob er die Schaufel zum Schutträumen anpackte oder den Schlegel zum Anzapfen auf dem Oktoberfest oder in Stadtratssitzungen: Da legte er erst mal das Sakko ab und dann krempelte er die Ärmel hoch, als ob er in einen Ring steigen

würde. Wimmer wurde 1887 in Siglfing bei Erding in ärmlichen Verhältnissen geboren. Er war gelernter Schreiner und trat 1909 in die Münchner SPD ein, die ihn 1919 zum Vorsitzenden wählte. 1924 wurde er Stadtrat und nach der Machtübernahme der Nazis vorübergehend in »Schutzhaft« nach Landsberg genommen. Nach seiner Entlassung immer wieder von der Gestapo verhaftet, kam er nach dem Attentat auf Hitler 1944 ins Konzentrationslager Dachau. Dort traf er einen alten Bekannten, den Vorkriegs-Bürgermeister Karl Scharnagl, den die Amerikaner nach der Kapitulation wieder als OB und Wimmer als zweiten Bürgermeister in München einsetzten. Aus der Wahl 1948 ging Wimmer schließlich als Oberbürgermeister hervor. Ohne ihn würde München heute völlig anders aussehen: Wie bei anderen zerbombten Großstädten wollte man auch an der Isar eine »autogerechte Stadt« aufbauen mit einer mehrspurigen Autobahn quer durch die Innenstadt und einer »Isarparallele« als direkter Verbindung der Autobahnen Salzburg und Nürnberg! Wimmer widersetzte sich heftig: »Wenn's gar nicht mehr durchkommen, dann bleiben's einfach stehen mit ihren Stinkkarren!« Und fand in seinem Rechtsreferenten Dr. Hans Jochen Vogel einen engagierten Mitkämpfer, der als sein Nachfolger vollendete, was er mit Wimmer begonnen hatte: Eine fußgängerfreundliche Innenstadt mit größtmöglichem Wiederaufbau des alten Stadtkerns.

Sensationelle Prozesse:
Von »Old Schwurhand« zu Vera Brühne

Münchner Gerichtsreporter hatten in den 50er Jahren bis 1962 viel zu tun: Ein Bericht der Abendzeitung über die Konzessionsvergabe an bayerische Spielbanken löste 1955 den »Spielbankenprozess« aus, der mit drakonischen Zuchthausstrafen endete, aber nie aufgeklärt wurde. Heute vermutet man dahinter eine Inszenierung der CSU, die Bayernpartei politisch zu erledigen, was ja auch glückte. CSU-Generalsekretär Friedrich Zimmermann wurde 1960 wegen Meineides verurteilt, später aber wegen »verminderter geistiger Leistungsfähigkeit« freigesprochen, was ihm den Spitznamen »Old Schwurhand« einbrachte.

Als die »größte Prozess-Amokläuferin der Nachkriegsgeschichte« bezeichnete Rechtsanwalt Claus Bastian die Reichsgräfin Wrbna-Kaunitz, gegen die er seit 1955 in 170 Prozessen verschwundene Wittelsbacher-Millionen zurückfordern wollte. Mit 17 Generalvollmachten bayerischer Prinzen jonglierte sie in der NS-Zeit mit riesigen Vermögen und Immobilien, rettet zwar vieles vor den Nazis, ließ aber auch vieles »versickern«. Vor Gericht ging es um schwindelerregende Millionenbeträge, aufgeklärt wurde fast nichts, und ihre Steuerschuld von 2,8 Millionen prozessierte sie auf 60,80 Mark herunter!

»Grüß Gott! Sie waren krank! Auf Wiedersehen!«, war der Zauberspruch von Bruno Gröning, der schillerndsten Figur unter den Wunderheilern. Seit 1949 war er in München die letzte Hoffnung für unheilbar Kranke, die sich Wunderkräfte aus seinen Stanniol-

Vera Brühne Anfang 2001

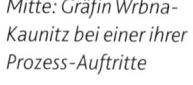

kugeln versprachen. Der »Gröning-Prozess« wegen Verstoßes gegen die Heilpraktikerverordnung verlief im Sande, trieb dafür seine Popularität ins Unermessliche – er selbst starb 1959 in Paris an Krebs.

Doppelmord, Sex, Liebe, Agentenmilieu: Alles war drin im »Brühne-Prozess«, der mit vielen offenen Fragen eigentlich erst am 17. April 2001 mit dem Tod von Vera Brühne endete, die auf dem Farbfoto wenige Tage davor in die Kamera winkte. Vera Brühne stritt zeitlebens den Doppelmord an Otto Praun und seiner Haushälterin ab, wurde zu lebenslanger Haft verurteilt und 1979 von Franz Josef Strauß begnadigt, der nach Recherchen des WDR ein Mitwisser des Doppelmordes gewesen sein könnte.

Endlich Millionendorf!

Pünktlich zur 800-Jahr-Feier vor 50 Jahren wurde München zum Millionendorf: Seit Wochen registrierte das Einwohnermeldeamt die täglich eingehenden Geburtenmeldungen der Krankenhäuser und Entbindungskliniken mit genauer Uhrzeit und am 17. Dezember 1957 um 15.45 war endlich die Million voll! Brigitte Seehaus brachte den millionsten Münchner zur Welt, der nach seinem Paten, dem Wimmer Damerl natürlich auf Thomas getauft wurde. Der stolze Vater Hubert war Kaminkehrermeister und aus dem kleinen Thomas ist heute der Spezialist der Telekom geworden, der jedes Jahr aufs neue die Bierzelte und Schaubuden auf dem Oktoberfest mit Leitungen verkabelt.

Münchens Einwohner von 1158 bis 2008	
1158	2.500
1400	11.267
1500	13.447
1600	19.000
1700	24.000
1800	40.450
1900	503.000
1958	1.000.000
2008	1.332.650

München wuchs damals noch in atemberaubendem Tempo und zur 800-Jahr-Feier im Jahr darauf zählte man schon 11.878 Einwohner mehr. Anders als heute feierte die Stadt das Jubiläum damals nicht mit Festen und Großveranstaltungen im ganzen Stadtgebiet, sondern sehr still und bescheiden – an allen Ecken und Enden waren ja noch die gewaltigen Kriegszerstörungen zu sehen und man befand sich noch mitten im Wiederaufbau der Stadt. In der Nacht zum 13. Juni zog ein Festzug mit Kerzenbeleuchtung und Fackelträgern durch die Innenstadt, an dessen Gestaltung 70 Künstler ein Jahr lang gearbeitet hatten. Auf dem Marienplatz und in der Mathäuskirche wurden am 14. Juni Festgottesdienste abgehal-

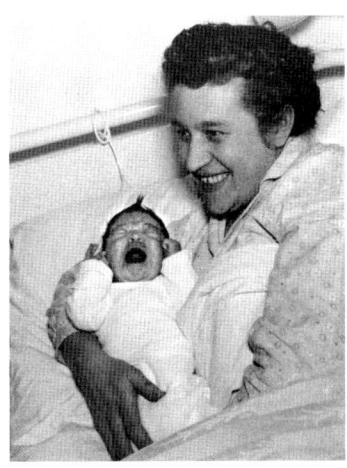

Brigitte und Thomas Seehaus nach der Geburt, 1957

ten und während auf dem Turm des Alten Peters zum ersten Mal die eigens zum Stadtjubiläum gegossene 800-Jahr-Glocke ertönte, zogen die Stadträte nach einer Festsitzung im Rathaus mit einer Rede von Nobelpreisträger Werner Heisenberg mit den Ehrengästen über den Marienplatz hinunter ins Tal. Das eigentliche Festprogramm waren große Kunstausstellungen: »Aufbruch zur Modernen Kunst« oder »Europäisches Rokoko« in der Residenz, »400 Jahre Münchner Malerei« im Lenbachhaus und eine große Spitzweg-Ausstellung im Stadtmuseum. Eine Ausstellung hatte Folgen bis heute: Aus der Karl-Valentin-Ausstellung im Alten Botanischen Garten entwickelte und gründete Hannes König das heutige Valentin-Musäum im Isartor.

Festzug der Stadträte und Ehrengäste anlässlich der 800-Jahr-Feier 1958

Münchner Flugzeug-Katastrophen 1958

Am 6. Februar 1958 gibt der Tower auf dem Flughafen Riem um 15.19 Uhr den Start für die zweimotorige »Elizabethan« der British European Airways frei und die Chartermaschine versucht auf der von Schneematsch überzogenen Bahn zu starten. Zwei Mal muss der Pilot den Start abbrechen, und der dritte um 16.03 Uhr endet in einem Inferno: Das Flugzeug hebt nicht ab, rast über die Startbahn hinaus, durchbricht den 270 Meter langen Sicherheitsstreifen. Durch seine leichte Anhebung wirkt er wie ein Sprungbrett und das Flugzeug wird ein paar Meter in die Höhe geschleudert, bevor es in ein Haus donnert und in Flammen aufgeht. In den Trümmern verbrennt die gesamte Fußballmannschaft von Manchester United mit mitreisenden Journalisten und Betreuern. 21 Leichen liegen nach den Rettungsversuchen danach im Schnee des Flughafens Riem. Die Unfallursache wurde nie geklärt, auch wenn der Flugkapitän entlassen wurde, weil er angeblich die Tragflächen nicht genügend auf Vereisung kontrolliert haben soll.

Absturz 1958 in Riem, bei der die Fußballmannschaft von Manchester United ums Leben kam.

Inferno nach dem Flugzeugabsturz 1960 bei der Paulskirche

Am Samstag, dem 17. Dezember 1960 war die Münchner Innenstadt im großen Weihnachts-Einkaufstrubel, als um 14.09 Uhr eine
US-Convair C 131 mit 20 Passagieren kurz nach dem Start in Riem
einen Motorschaden meldete. Sekunden später tauchte die Maschine über der Thersienwiese auf, wo der erfahrene 49-jährige Pilot
Major Connery wahrscheinlich eine Notlandung versuchte. Dabei
streifte er mit einem Flügel die 97 Meter hohe Spitze der Paulskirche, rutschte über ein Hausdach und stürzte auf eine vollbesetzte
Straßenbahn Ecke Bayer-/Martin-Greif-Straße. Der Aufprall zer-
fetzte eine unterirdische Gasleitung, was das Inferno der vollbe-
tankten Maschine noch verschlimmerte. Augenzeugen berichteten
von schrecklichen Szenen mit brennenden Überlebenden aus den
Straßenbahnen, die inmitten der verkohlten Leichen umherirrten.
Auf einigen Fotos mitten im Qualm sieht man den Pfarrer von Sankt
Paul über den 53 Toten Gebete sprechen. Einen Tag nach der Katastrophe forderte Oberbürgermeister Vogel endlich die Verlegung
des viel zu kleinen Flughafens Riem aus dem Stadtgebiet: es war der
erste Schritt auf dem Weg zum heutigen Großflughafen bei Freising.

Die wilden 60er Jahre

Die Schwabinger Krawalle

Am 22. Juni 1962 schrieb AZ-Herausgeber Werner Friedmann: »Unsere forschen Stadtpolizisten hauen mit ihren Gummiknüppeln drein, als gelte es, mit einer mörderischen Gangsterbande fertig zu werden. Dabei war der Anlass für diese bestürzende Gewaltanwendung nur ein harmloser Studentenulk, verzeihlicher Übermut junger Leute in Schwabing, wie es ihn zu allen Zeiten zum gelegentlichen Verdruss einer hohen Obrigkeit gegeben hat.« Ein paar harmlose gitarrespielende Studenten hatten in der Nacht vom 21. Juni in der Leopoldstraße eine mehrtägige Straßenschlacht

zwischen Polizisten und 40.000 Münchnern aller Schichten und jeden Alters ausgelöst, die von berittener Polizei mit unglaublicher Brutalität niedergeknüppelt wurde. »Es gab blutige Köpfe, bei den gegen solche Vopo-Sitten protestierenden Studenten und Zuschauern, und zahlreiche brutal vorgenommene Verhaftungen. Wahllos

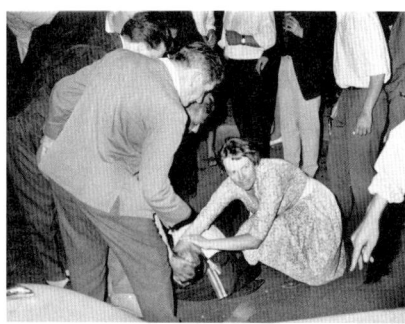

wurde von uniformierten Schlägern auf gänzlich unbeteiligte Schwabing-Bummler, Presseberichter und Kameraleute eingeprügelt«, schrieb Friedmann weiter. »Das war kein Ruhmesblatt für unsere ‚Weltstadt mit Herz'. Was sich aber einige Lederjacken-Bullen der Überfallkommandos herausnahmen, war nicht nur ein Missgriff, sondern ganz schlicht ein Skandal.« Über die Ursachen des Gewaltausbruches

Szenen der Schwabinger Krawalle 1962

gibt es viele Versionen, auch dass der spätere RAF-Terrorist Andreas Baader mit dabei war, löste mancherlei Spekulationen aus. Der damalige Oberbürgermeister Hans-Jochen Vogel meinte wie die meisten, die in der Rückschau die Krawalle bewerteten, es habe sich um einen »unartikulierten Protest gegen die Wohlstandsgesellschaft und das Wirtschaftswunder gehandelt.« Polizeipräsident Dr. Manfred Schreiber profilierte sich danach mit der »Münchner Linie«, einer Deeskalations-Taktik der Polizei und der Einführung eines Polizei-Psychologen, der sowohl auf Beamte wie auf Demonstranten einwirken sollte.

Der Schah, de Gaulle und die Queen   1965

»So-ra-ya! Komm heraus!« »Die Polizei ist gegen sie machtlos: Seit dem Empfang der Fußballweltmeister zeigten die Münchner nicht mehr solche Begeisterung«, schrieb am 7. März 1955 der Münchner Merkur über eine riesige Menschenmenge vor dem Hotel Vier Jahreszeiten, in dem der Schah von Persien mit seiner Soraya zwei komplette Stockwerke bezogen hatte. Damals wurde er noch umjubelt, denn erst bei seinem zweiten Besuch hatte er seine »Prügelperser« dabei, um auf Demonstranten einzuschlagen. Er machte den Auftakt mehrerer großer Staatsbesuche in München, die das Image der »Hauptstadt der Bewegung« in »Deutschlands heimliche Hauptstadt« korrigierten.

Den emotionalsten Besuch stattete 1962 der französische »Erzfeind« General de Gaulle der bayerischen Landeshauptstadt ab. Höchste Alarmstufe war angesagt, da der General vorher mehreren Attentaten entgangen war. Als er vor der Feldherrnhalle ausrief: »Es lebe München! Es lebe Bayern! Es lebe die deutsch-französische Freundschaft!«, waren viele in der Menschenmenge bis vor zum Siegestor zu Tränen gerührt. Nur der junge Polizeipräsident Manfred Schreiber hielt die Luft an und die rechte Hand mitsamt schussbereiter Pistole unterm Sakko, genauso wie die Scharfschützen auf dem Dach der Residenz. Dann ließ sich de Gaulle sehr symbolträchtig hinter der bayerischen Königskrone fotografieren, die Bayern seinem »Vorgänger« Napoleon verdankte.

Oben: Der Schah von
Persien und Soraya 1955

Mitte: General de Gaulle 1962

Unten: Queen Elizabeth II. 1965

Viel gemütlicher aber auch
kürzer ging's dann 1965 beim
Besuch der englischen Königin
am 21. Mai 1965 zu, die nur 14
Stunden und 10 Minuten be-
wacht werden musste. Vor der
Opernaufführung im Nationaltheater nahm sie in der Königslo-
ge stehend die englische und
deutsche Nationalhymne entgegen und setzte sich dann wie
gewohnt in den Sessel. Aber nur
für Sekundenbruchteile – und als sie sich lächelnd wieder erhoben
hatte, erklang auch noch »Gott mit dir, du Land der Bayern«. Jetzt
erst merkte die Queen, dass sie nicht nur in Deutschland, sondern
auch im Freistaat Bayern war.

Yeah! Yeah! Yeah! – Die Beatles sind da!

Nachdem im September 1965 Mike Jagger und seine Rolling Stones die Mauern des Zirkus-Krone-Baus bereits zum Zittern gebracht hatten, übertrafen im Jahr darauf die Beatles alles, was diese Zirkusmauern je erlebt hatten. Den vier Pilzköpfen aus Liverpool waren schon viele extatische Fans während ihrer Konzerte begegnet, doch ihr Gastspiel am 24. Juni 1966 in München während ihrer ersten Deutschland-Tournee dürfte ihnen noch lange in Erinnerung geblieben sein. Bereits tags zuvor hatten Fans im Wartesaal des Flughafens Riem Quartier bezogen, um ja nahe an ihre Idole ranzukommen, von denen dann jeder zur Begrüßung statt der damals auf dem Flughafen Riem für Promis üblichen Maß Bier eine kurze krachlederne Hose bekam, in denen sie aber leider nie gesehen wurden. Stunden vorher schon musste der Promenadeplatz für den gesamten Verkehr gesperrt werden, auf dem eine immer wieder schrill kreischende Invasion von Beatles-Fans warteten und hoffte, dass sich die Wuschelköpfe endlich mal am Fenster des Hotels Bayerischer Hof zeigen würden. Sprechchöre brüllten »Paaaaule! Schoooorschi!«, was Paul McCartney und George Harrison irgendwann doch mal übersetzt bekamen und sich den tobenden Münchner Teenagern zeigten. Der Zirkus Krone war natürlich viel zu klein für ein Konzert dieser Weltstars, was auch die Kartenfälscher wussten und viele gut gefälschte Eintrittskarten in Umlauf gebracht hatten. Gerade 35 falsche Tickets wurden beschlagnahmt, der Rest kam eben rein, wo es trotz totaler Überfüllung zwar überirdisch laut, aber absolut friedlich zum Sensationskonzert kam, das heute noch viele inzwischen in die Jahre gekommene Münchner Beatles-Fans in schöner Erinnerung haben werden.

Der legendäre Auftritt der Beatles 1966 im Zirkus Krone

Die Gewalt eskaliert:
Zwei Tote bei 68er-Demonstration

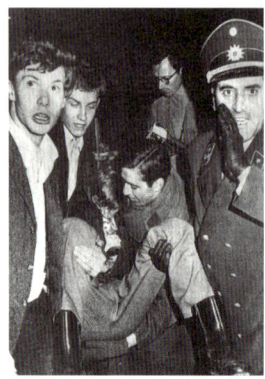

*Klaus Frings unmittelbar
nach dem Steinwurf*

Am 11. April 1968 wurde Rudi Dutschke, der Wortführer der westdeutschen Studentenbewegung der 1960er Jahre vor dem SDS-Büro in Berlin von dem jungen Hilfsarbeiter Josef Bachmann angegriffen und mit drei Schüssen schwer verwundet. Er erlitt lebensgefährliche Gehirnverletzungen und überlebte nur knapp nach einer mehrstündigen Operation. Das Attentat auf Dutschke löste eine Welle von Demonstrationen in ganz Deutschland aus und vor allem in München eskalierte die Gewalt. Die Protestaktionen richteten sich vor allem gegen den Springer-Verlag, denn die dort erscheinenden Zeitungen hatten demonstrierende Studenten, die gegen die Notstandsgesetze protestierten und gegen den Vietnamkrieg auf die Straße gegangen waren, immer wieder als Gefahr für die Gesellschaft und die Bundesrepublik dargestellt. Schon wenige Stunden nach dem Attentat auf Dutschke stürmten am Gründonnerstag 1968 ca. 200 Münchner Studenten das Buchgewerbe-Haus in der Barer Straße und verwüsteten die Redaktionsräume der Bildzeitung. Die Münchner Polizei war von den Gewaltausbrüchen völlig überrascht, zumal durch ihre bewährte

»Münchner Linie« nach den Schwabinger Krawallen von 1962 die Münchner Demos bisher eher den Charakter von lustigen Happenings und Studentengaudi hatten. Sicher flogen mal Eier und Tomaten oder es wurden Polizisten mit Bettfedern zugeschüttet, jetzt hatte die Gewalt aber eine andere Qualität er-

1968er -Demo gegen den Vietnamkrieg

reicht. Am Abend des 15. April 1968 versuchte eine aufgewühlte Menge die Auslieferung der Bildzeitung zu stoppen, indem man die Tore des Verlagshauses verbarrikadierte. Als die Studenten nach wiederholter Aufforderung die Straße nicht räumten, spritzte die Polizei die Demonstranten mit Wasserwerfern in die gegenüberliegenden Grünanlagen bei der heutigen Neuen Pinakothek, aus denen es sofort Steine hagelte. Einer davon traf den 32-jährigen Fotografen der Associated Press Klaus Frings am Kopf, ein anderer den Studenten Rüdiger Schreck: Beide erlagen kurz darauf im Krankenhaus ihren schweren Gehirnverletzungen. Trotz intensiver Auswertung von Filmen und Fotos konnten die Steinewerfer nie ermittelt werden.

Deutschlands erste Herzverpflanzung 1969

Am 3. Dezember 1967 wagte der südafrikanische Chirurg Christiaan Barnard die erste Herzverpflanzung der Welt, eine medizinische und chirurgische Sensation, die bis dahin für unmöglich gehalten wurde. Als Barnard seine Pioniertat durchführte, waren auch die Schüler des Münchner Chirurgen Rudolf Zenker, die Chirurgen Werner Klinner und Fritz Sebening mit im Operationssaal. Doch zuhause in Deutschland zögerte man, denn das Problem der Gewebeverträglichkeit war längst nicht erforscht. Viele Patienten Barnards überlebten den Eingriff nur kurze Zeit. Am 13. Februar 1969 war man schließlich auch in der Chirurgischen Klinik in München soweit: Unter der Leitung von Rudolf Zenker transplantierte ein herzchirurgisches Team mit Werner Klinner und Fritz Sebening dem 36-jährigen Josef Zehner

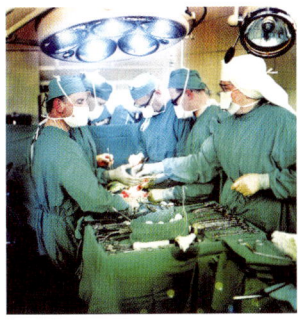

das Herz der zuvor bei einem Unfall verstorbenen Spenderin Emma Salvermoser aus Günding bei Dachau. Der »Handwerker« unter den Operationsärzten war der 45-jährige Profes-

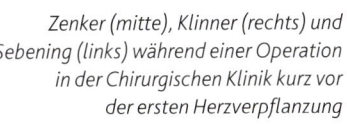

Zenker (mitte), Klinner (rechts) und Sebening (links) während einer Operation in der Chirurgischen Klinik kurz vor der ersten Herzverpflanzung

sor Werner Klinner, ein Präzisionsfanatiker, der seit einem halben Jahr mit einem 30-köpfigen Team den noch nie gewagten Eingriff trainiert hatte. Acht Stunden dauerte die gesamte Operation in der Chirurgischen Klinik in der Nussbaumstraße, wobei der eigentliche Organaustausch in 65 Minuten abgeschlossen war. Josef Zehner überlebte mit dem fremden Herzen nur 27 Stunden, der Grund war aber nicht die gefürchtete Unverträglichkeit der Gewebe, sondern eine unerkannte Vorschädigung des Herzens der Spenderin. Was heute im Klinikum Großhadern schon zur Routineoperation gehört, war 1969 eine Weltsensation in München: Illustrierte boten bis zu 1 Million Mark für Fotos von der Operation – aber es gab keine und die zur Dokumentation aufgenommenen Bilder wurden nicht freigegeben. Einzig die hier abgebildete Aufnahme zeigte die Situation und der Fotograf ging damals nicht gerade leer aus, von dem sich die Professoren Zenker (mitte), Klinner (rechts) und Sebening (links) bei einer Bypassoperation am offenen Herzen zwei Wochen zuvor für eine Medizinstudenten-Zeitschrift ganz locker fotografieren ließen.

1969 Demo für Minirock und gegen den BH

Als 1962 die britische Modeschöpferin Mary Quandt in der Vogue erstmals die von ihr erfundenen und von André Courréges ausgeführten Miniröcke vorstellte, nahm man sie zuerst als eine von vielen Mode-Eintagsfliegen hin. Als aber die ultrakurzen Röcke zum Verkaufsschlager wurden, ging ein Schrei des Entsetzens durch die Republik: Tugendwächter und Moralapostel pochten auf den gesetzlichen Tatbestand der »Erregung öffentlichen Ärgernisses« sowie des

»Groben Unfugs« und auch im Vatikan läuteten die Sturmglocken: Der Papst untersagte das Betreten aller Kirchen in dieser unzüchtigen Aufmachung, Amen! »Jawosammadenn?«, sagte sich 1969 in Schwabing eine bunte Gruppe von Boutiquebesitzern und Fotomodellen, wo bleibt da die berühmte »liberalitas bavariae« und organisierte eine vorschriftsmäßig angemeldete Großdemonstration für mehr Toleranz gegenüber der neuen Mode. Über ihre Minirockdemonstration von der Münchner Freiheit zum Siegestor amüsierte sich das ganze Land. Als Einsatzleiter fungierte Polizeivizepräsident Dr. Georg Wolf persönlich, der streng darüber wachte, dass die berühmte »Münchner Linie« seiner Beamten eingehalten wurde, was diese als Aufforderung verstanden, zwischen den feschen Minimadeln einfach mitzumarschieren. Endlich hatte auch in München der Minirock den Beigeschmack von Unzüchtigkeit und Provokation verloren und wurde als Zeichen eines neuen Selbstverständnisses und Selbstbewusstseins einer neuen Frauengeneration verstanden. Minirock-Erfinderin Mary Quandt wurde von Queen Elizabeth sogar mit dem »Order of the British Empire« ausgezeichnet. Ein paar Wochen später staunte ganz Deutschland noch einmal über die freizügigen Münchner Madln, die in einer Schwabinger Sommernacht ebenso ernsthaft wie demonstrativ die Abschaffung der Büstenhalter forderte. Lautstark zog die Demo ins »Blow Up« (heute Theater der Jugend am Elisabethplatz), wo dann sehr freizügig gezeigt wurde, worum es bei dieser Demonstration überhaupt ging ....

Demo für den Minirock

Demo gegen den BH

Zwei kleine Italiener ...

Italien war das erste Land, mit dem die Bundesrepublik 1955 ein Anwerbeabkommen für Gastarbeiter schloss, wobei deutsche Unternehmer 50 Mark für die Vermittlung eines italienischen Gastarbeiters zahlen mussten. Der Münchner Hauptbahnhof war Hauptverteilungsplatz für Deutschland und Endstation für mehr als zwei Millionen Gastarbeiter. Was damals als befristete Anwerbung gedacht war, mündete in den größten Einwanderungsprozess der Nachkriegszeit. Cornelia Froboess, damals noch nicht die große Theaterschauspielerin, sondern Schlagersängerin, landete ihren ersten großen Hit mit einem Gastarbeiterlied: »Zwei kleine Italiener, die kamen aus Napoli ...« und auf dem Münchner Hauptbahnhof wurde eigentlich nur noch italienisch gesprochen, schließlich lebten 1969 bereits 88.000 italienische Gastarbeiter in München. Dass es heute in München fast ebenso viele italienische Restaurants gibt wie bayerische, ist niemand anderem als ihnen zu verdanken, die den Münchnern mal zeigten, wie gut und gesund ihre mediterrane Küche ist. Die Münchner hatten keine Berührungsängste, Italiener waren an der Isar von jeher immer gerne gesehen, ob als Künstler, Musiker oder Gastronomen: Namen wie Zucalli, Ruffini, Scarletti, Tambosi oder Barelli haben schon lange vor der Gastarbeiterwelle in München ihre Spuren hinterlassen und die Stadt verschönert. Die ersten italienischen Gastarbeiter kamen bereits im 19. Jahrhundert regelmäßig nach München: Der Ziegelbrenner-Brunnen am Preysingplatz erinnert heute noch an die rund 3000 Italiener, die alljährlich im Frühjahr nach München fuhren und in den Ziegelbrennereien im Osten der Stadt ihr Geld verdienten. Aus den Gastarbeitern der 50er Jahre sind längst Einwohner und aus deren Kinder längst echte »geborene Münchner« geworden

und das Wort »Gastarbeiter« ist eigentlich völlig aus dem Wortschatz verschwunden.

Italienische Gastarbeiter am Münchner Hauptbahnhof

Wir sind Papst

1972 Heitere Spiele und Olympia-Attentat

Die olympischen Spiele 1972 in München haben zwei Seiten: Sie gingen als die heiterste und ungezwungenste Olympiade in die Geschichte ein – gleichzeitig aber auch mit der schrecklichen Erinnerung an das Attentat auf die israelische Olympia-Mannschaft und dem katastrophalen Ende bei deren missglückten Befreiungsaktion auf dem Flughafen von Fürstenfeldbruck. Am 26. August 1972 eröffnete Bundespräsident Heinemann mit Willi Daume vom Nationalen und Avery Brundage vom Internationalen Olympischen Komitee die 20. Olympiade in einer farbenfrohen Feier, bei der 80 Schuhplattler zum Salut von 60 Berchtesgadener Böllerschützen im nagelneuen Olympiastadion tanzten und stürmisch gefeiert wurden. 5000 Brieftauben flatterten als Friedenssymbol aus dem Zeltdach in den weiß-blauen Himmel. Der Passauer Mittelstreckenläufer Günther Zahn, der letzte der 5976 Staffelläufer entzündete das olympische Feuer, das vorher beim Tegernsee um ein Haar Opfer einer ausgebrochenen Kuhherde geworden wäre, hätte die Läuferin nicht einen medaillenreifen Zwischenspurt hingelegt. Bei der Schlussfeier am 11. September wurde die deutsche Mannschaft mit 13 Gold-, 11 Silber- und 16 Bronzemedaillen gefeiert, doch aus den heiteren Spielen war seit dem 5. September alle Fröhlichkeit gewichen: In den frühen Morgenstunden überfielen acht arabische Terroristen des »Schwarzen September« die Wohnungen der israelischen Mannschaft, erschossen zwei auf der Stelle und nahmen neun weitere Sportler als Geisel, um damit 200 in Israel inhaftierte Freischärler frei zu pressen. Die auf einen solchen Anschlag völlig unzureichend vorbereiteten Sicherheitskräfte

Szene bei der schließlich tragisch missglückten Befreiungsaktion

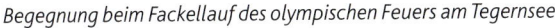

Eröffnung der olympischen Spiele 1972 in München

täuschten eine Auslieferung vor und flogen Terroristen wie Geiseln zum Flughafen Fürstenfeldbruck, wo in einer missglückten Befreiungsaktion alle Geiseln, fünf Terroristen und ein Polizeibeamter ums Leben kamen.

Begegnung beim Fackellauf des olympischen Feuers am Tegernsee

Am Eisbach im Englischen Garten: Münchens öffentliches Nacktbadegelände

Nach dem Glockenspiel zu den Nackerten!

Zeitungen aus aller Welt staunten 1979 über ein ausschließlich in München zu beobachtendes Phänomen, dem sogar die New York Times einen Artikel widmete: Nicht nur an der Isar, sondern auch mitten in der Stadt bewegten sich auf den öffentlichen Grünflächen Männlein wie Weiblein jeden Alters splitterfasernackt. Kein Sichtschutz trennt sie, Abertausende an der Zahl, von der immer noch bekleideten Mehrheit der Bevölkerung. Sie sonnen sich, spielen Federball oder Fußball – und niemand regt sich auf! Sowas gibt's wirklich nur in München. Die Stadtverwaltung, zuständig für städtische Grünanlagen und die Schlösser- und Seenverwaltung, zuständig für die Schönfeldwiese im Englischen Garten, waren erst mal ratlos, wie man juristisch das nackte Problem in den Griff bekommen soll, da das Auge des Gesetzes Nackerte in dieser Form ja gar nicht vorsah und sogar schon in der Straßenbahn Nackerte gesichtet und fotografiert wurden! Wie so oft besann man sich auf eine »Münchner Linie« und erklärte offiziell alle bereits von den

Nackerten eroberten Gebiete für reines Nacktbadegelände. So wurde der Englische Garten zum ersten frei zugänglichen und auch nicht durch Sichtschutz abgegrenzten innerstädtischen Nacktbadegebiet der Welt. Sogar die Routen für die Stadtrundfahrten mussten jetzt geändert werden, denn nach dem Glockenspiel ging's zu den Nackerten unter dem Monopteros und den prüden Amerikanern und Japanern fielen die Augen aus dem Kopf. Auch der Spiegel widmet sich auf mehren Seiten dem Phänomen, und Peter Brügge schrieb »Aus dem katholischen München wurde die Hauptstadt eines schweigenden Volksbegehrens nach ganzheitlicher Besonnung. Irgendwo dazwischen lasse ich mich nieder und frage den Nächstliegenden, wozu soviel Hautreiz heutzutage frommen soll. Gern gibt er nicht Antwort. ,Solang i braun bin', sagt er, ,gfall i mir halt selber besser.' Pause. Plötzlich fällt ihm ein: ,Braun wennst bist, hast überall Kredit.' Das habe er aus einer Onassis-Biographie und wahr sei es auch.« Ob es an den vielen Sonnenstudios liegt, dass kaum mehr Nackerte in München zu sehen sind, oder haben wir uns einfach an sie gewöhnt?

Celibidache
in der Kulturvollzugsanstalt   1985

»Kulturzentrum« ist ein genauso unmünchnerisches Wort wie »Fußgängerzone«, Zone ..., Zentrum ... wosammadenn! In den 6oer Jahren fiel einem aber nix anderes ein. Kein Wunder, dass der rote Klotz da oben am Gasteig auch noch andere Namen hat – wie »Kulturvollzugsanstalt« oder »Kulturbunker«. Aber München brauchte so ein »Kulturzentrum«, denn die beiden größten Konzertsäle Münchens, das »Königliche Odeon« und die »Tonhalle« waren im Krieg zerstört worden und die Münchner Philharmoniker waren in der eigenen Stadt ständig auf Gastspiel von einem Saal zum anderen. 1971 fiel die Wahl auf das Gelände am Gasteig, auf dem ein Altersheim und der durch das missglückte Attentat auf Hitler berüchtigte Bürgerbräukeller abgetragen werden mussten. 1978 machte Georg Kronawitter den ersten Spatenstich, nicht ahnend,

Sergiu Celibidache

dass er in den folgenden Jahren mit einer gewaltigen Kostenexplosion am Gasteig kämpfen musste. 1984 war der Gebäudekomplex auf dem 23.000 Quadratmeter großen Areal soweit fertig gestellt, dass die Stadtbibliothek, die Münchner Volkshochschule und das Richard-Strauss-Konservatorium ihre neuen Räume beziehen konnten. Am 10. November 1985 wurde das Kulturzentrum am Gasteig durch Bundespräsidenten Richard von Weizsäcker mit einem Festkonzert der Münchner Philharmoniker unter Leitung von Sergiu Celibidache eröffnet. Sergiu Celibidache (1912–1996) war seit 1979 Chef der Münchner Philharmoniker, eine absolute Ausnahmeerscheinung unter den Stardirigenten des Jahrhunderts. Die Münchner Philharmoniker führte er zu hohem internationalen Ansehen und von einem umjubelten Konzert zum anderen, trotzdem spaltete er die Musikwelt in zwei Lager: von enthusiastischen Lobgesängen bis hin zur verständnislosen Kritik reichten die Reaktionen auf den »Celi«, wie die Münchner ihren Maestro liebevoll nannten, der seit 1992 auch Ehrenbürger der Stadt Münchens ist.

1987   Valentin-Orden für Papst Benedikt

Wenn Papst Pius XII. geahnt hätte, dass heute unter jeder in München geschiedenen Ehe sein Name steht: »Pacellistraße 5«, der Sitz des Familiengerichts. Wer weiß, ob er dann geschrieben hätte: »In München habe ich die

Kardinal Ratzinger bei der Verleihung des Valentinordens 1987

Papst Johannes Paul II. in München

glücklichsten Jahre meines Lebens verbracht«. Als Eugenio Pacelli war er von 1917–25 päpstlicher Nuntius in München, bevor er 1939 zum Papst gewählt wurde. Diese diplomatische Vertretung des Vatikans geht auf das Jahr 1785 zurück, als Papst Pius VI. in München die erste Nuntiatur in Deutschland einrichtete. Und wer von den Gaudiburschen der Narrhalla hätte geahnt, dass sie 1987 einen künftigen Papst mit ihrem Valentinorden auszeichnen – seitdem ist Benedikt XVI. der einzige Papst, dem außer einem Kreuz auch noch Karl Valentin um den Hals hängt. Und wenn Karl Valentin geahnt hätte, dass er einmal am Hals eines Papstes baumeln würde ... München und die Päpste, das ist schon ein besonderes Kapitel! Als 1977 Johannes Paul II. Josef Ratzinger zum Erzbischof von München und Freising ernannte, ahnte er ja auch nicht, dass der Münchner Bischof ihn mal auf dem Stuhl Petri beerben würde.

Die »beliebtesten« Postkarten

Immerhin kam er zwei Mal an die Isar. Das erste Mal feierte er am 19. November 1980 auf der Theresienwiese mit mehr als einer halben Million Menschen zusammen mit Kardinal Ratzinger eine Messe. Es war der erste Deutschlandbesuch von Karol Wojtyla und sieben Jahre später kam er wieder nach München, diesmal aber in besonderer Mission: Am 3. Mai 1987 sprach er im Olympiastadion den wegen seines sozialen Engagements und seines Widerstandes gegen das nationalsozialistische Regime verehrten Jesuitenpater Rupert Mayer selig. Empfangen wurde er damals bereits von Kardinal Friedrich Wetter, denn Josef Ratzinger hatte der Papst schon als Chef der Glaubenskongregation von München nach Rom entführt. Zurück nach München kam er 2006 erst wieder unter seinem neuen Namen Papst Benedikt, inzwischen so populär, dass sein Portrait auf Postkartenständern gleichrangig neben dem Märchenkönig, Schloss Neuschwanstein und Kaiserin Sisi steckt.

1990

Schickeria-Morde in Münchens Scheinwelt

Zwei spektakuläre Morde 1990 und 2005 zeigten das Doppelgesicht der Münchner Bussi-Gesellschaft: Walter Sedlmayr und Rudolf Moshammer waren Strahlemänner auf den roten Teppichen mit permanentem Erfolgslächeln und nie ohne Schampusglas in Händen. Ihr öffentliches Leben war eine einzige Operette: Immer nur lächeln und niemals betrübt. Doch wenn zuhause die Maske fiel, war das Leben der beiden erbärmlich und einsam. Und als sie Verbrechern zum Opfer gefallen waren, zerriss der Vorhang und die Fangemeinde war schockiert über das Doppelleben im Dunklen und Verborgenen. Eine Brauerei musste eine teure Werbekampagne mit Sedlmayr stoppen, denn mit dem wahren Gesicht des Ermordeten konnte man kein Bier mehr verkaufen. Nachdem er jahrelang Nebenrollen in den Kammerspielen und in Filmen gespielt hatte, kam er im Fernsehen als »Hofkoch Hierneis«, als »Millionenbauer« und mit der Serie »Polizeiinspektion 1« zu großer Popularität und als »Bruder Barnabas« beim Salvator-Derblecken auch zu lukrativen Werbeaufträgen. Im Juli 1990 wurde er in seinem Schlafzimmer mit mehreren Messerstichen verletzt und dann mit einem Hammer erschlagen tot aufgefunden. Während der Ermittlungen kam sein Doppelleben zwischen seiner stets verbor-

*Walter Sedlmayr
als Bruder Barnabas*

genen Homosexualität mit Neigung zu masochistischen Sexualpraktiken und dem gutbürgerlichen Image als Vorzeige-Bayer zum Vorschein. Die Täter wurden 1993 zu lebenslanger Haft verurteilt und sind seit Januar 2008 wieder auf freiem Fuß. Auch Moshammer war ein anderer Mensch, wenn er mit sich alleine war. In der Nacht des 14. Januar 2005 fuhr er in seinem Rolls Royce einen 25-jährigen Iraker vom Hauptbahnhof in seine Villa, wo dieser für 2000 Euro »sexuelle Handlungen« ausführen sollte. Es kam zum Streit und Moshammer wurde erdrosselt, der Täter zu lebenslanger Haft verurteilt. Wieder brachten die Ermittlungen einen völlig anderen Menschen zum Vorschein, als »Mosi« sich in der Öffentlichkeit immer selbst darstellte. Die Doppelgesichter von Sedlmayr und Moshammer sind sicher nicht typisch für die Münchner Schickeria-Scheinwelt, aber mit Sicherheit auch nicht die Ausnahme.

*Rudolf Moshammer
mit seiner Mutter*

Das Prinzregententheater strahlt nach seiner Renovierung

1996 — Später Dank an Richard Wagner

Zwei schillernden Theaterleuten verdanken wir unser heutiges Prinzregententheater: Ernst Ritter von Possart (1841–1921) war ein begnadeter Schauspieler und hatte die Idee eines Gegenstückes zu Richard Wagners Festspielhaus in Bayreuth. Der andere war August Everding (1928–1999), Intendant, Regisseur und unermüdlicher Spendensammler für die Renovierung des Theaters nach dem Krieg. Der gebürtige Berliner Possart gab 1864 vor König Ludwig II. sein Debut als Franz Moor in Schillers »Räuber« und wurde 1893 Leiter der Königlichen Hofbühne. Seine Idee war es, den Richard-Wagner-Festspielen in Bayreuth in München wenn schon nicht Konkurrenz zu machen, so doch etwas Ebenbürtiges entgegenzusetzen. Es rächte sich nun doch, dass das Wagner-Festspielhaus 1865 in München gescheitert war. Possart setzte einen Neubau durch, dessen Bühnenraum ähnlich angelegt war wie der in Bayreuth. Das nach Prinzregent Luitpold benannte Haus wurde im Jugendstil erbaut und 1901 mit Richard Wagners »Die Meistersinger von Nürnberg« eröffnet. Nachdem im 2. Weltkrieg das Nationaltheater fast völlig zerstört wurde, konnte die Bayerische Staatsoper solange ins Prinzregententheater ausweichen, bis das Haus am Max-Joseph-Platz wieder bespielbar war. Im März 1964 musste der Spielbetrieb aber wegen Baufälligkeit völlig eingestellt werden. Um es trotzdem zu retten, wurde die Vereinigung »Münchner helft dem Prinzregententheater«

Deckengemälde im renovierten Prinzregententheater mit August Everding als traubenessendem Gott Dionysos (rechts)

ins Leben gerufen und August Everding ist es zu verdanken, dass mit Hilfe zahlreicher Spenden das Theater von Grund auf renoviert und 1996 mit »Tristan und Isolde« wieder eröffnet werden konnte. Das alte Schlitzohr Everding hat sich dabei selbst ein kleines und witziges Denkmal setzen lassen: Im renovierten Deckengemälde ist »Schampus-August« als traubenessender Dionysos, als Gott des Weines und Theaters, für immer verewigt!

Sturm auf die Pinakothek der Moderne   2002

Wohin nur mit all den Kunstwerken! Dieser Ruf steht am Anfang und am Ende der Geschichte des in Deutschland einmaligen Kunstareals mit den drei Pinakotheken, das 2002 mit der Eröffnung der

Pinakothek der Moderne

Ausstellungsstücke in der Pinakothek der Moderne

Pinakothek der Moderne vollendet wurde. Schon zur Zeit König Ludwigs I. waren die Kunstwerke der königlichen Sammlung über verschiedene Schlösser verteilt und konnten daher von der Bevölkerung nicht besichtigt werden. Ludwig I. wollte die Münchner an den Kunstschätzen teilhaben lassen und dafür brauchte er aber

Historische Aufnahme der Neuen Pinakothek von 1855,
zur Zeit der Erbauung geplant für die damalige Gegenwartskust.

eigene Gebäude. So beauftragte er Leo von Klenze mit dem Bau eines gigantischen Museums: Der Grundstein wurde am 7. April 1826 gelegt, im Herbst 1836 war die Pinakothek vollendet, damals der größte Museumsbau der Welt. Ludwig I. sammelte aber auch »Gegenwartskunst«, also aus damaliger Sicht moderne Kunst, die in die bestehende Pinakothek thematisch nicht reinpasste, und so eröffnete er 1853 eine weitere, eine »Neue Pinakothek«, die erste Sammlung »moderner« Kunst weltweit. Und 130 Jahre später stellte sich wieder die gleiche Frage: Wohin mit der modernen, zeitgenössischen Kunst? Wohin mit Werken des Expressionismus, Kubismus, Surrealismus, der Neuen Sachlichkeit, des Bauhauses, der Pop Art und Minimal Art? Wohin mit der weltweit größten Sammlung für Industriedesign, Fahrzeugdesign, Computer Culture, Design von Schmuck und Alltagsgegenständen? Der Bauplatz für eine dritte Pinakothek, einer »Pinakothek der Moderne« war zwar da, aber wer soll das bezahlen, wer hat soviel Geld? Wie schon so oft in der Geschichte griffen Münchner Privatleute, Firmen und Konzerne so tief in ihre Taschen, dass der Freistaat Bayern nicht darum herum kam, für die übrigen Kosten aufzukommen. Und so konnte am 16. September 2002 die von Stefan Braunfels entworfene Pinakothek der Moderne eröffnet werden, ein wahrer Publikumsmagnet, der schon nach einem Jahr von zwei Millionen Besuchern buchstäblich gestürmt wurde.

Hochhäuser im Millionendorf 2005

München sei »ein Dorf, in dem Paläste stehen«, schrieb Heinrich Heine über die Neubauten König Ludwigs I., heute würde er wohl sagen, »ein Millionendorf, in dem ein paar Hochhäuser stehen«, und mehr werden's in absehbarer Zeit auch nimmer werden. Denn seit 2005 ist durch den von Alt-Oberbürgermeister Georg Kronawitter organisierten Bürgerentscheid festgelegt, dass die Frauenkirche mit ihren 98,57 Metern von keinem Neubau an Höhe überragt werden darf. Daher werden zu den bestehenden Mini-Wolkenkratzern auch keine neuen mehr dazukommen. Der Vierkantbolzen »Uptown« mit seinen 146 Metern, die »Higlight-Towers« mit 126

Mit seinen 146 Metern ist »Uptown Munich« jetzt das höchste Haus in der Stadt

Metern und das 114 Meter hohe Hypohaus werden die einzigen von weitem sichtbaren höchsten Häuser Münchens bleiben. Die Hochhausdiskussion von 2005 ist übrigens nicht neu: Sie entzündete sich bereits 1921, als das erste Münchner Hochhaus in der Blumenstraße in Planung war, das bis heute den Namen »Hochhaus« trägt und in dem die technischen Abteilungen der Stadtverwaltung untergebracht sind. Der Münchner Stadtrat beschloss schon 1921 sinngemäß das Gleiche, was der jetzige Bürgerentscheid festlegte: Der Bau von Hochhäusern ist grundsätzlich zu erlauben, sofern das Gebäude das lokale Umfeld berücksichtigt und das Hochhaus niedriger ist als die Türme der Frauenkirche. Den Architekturwettbewerb gewann damals Hermann Leitersdorfer mit seinem roten Ziegelbau,

Das 114 Meter hohe Hypohaus hinter der 100 Meter hohen Frauenkirche

der den Türmen der Frauenkirche nachempfunden ist und der von der Jury als »willkommene Dominante im Stadtbild« gesehen wurde. Inzwischen steht Münchens erstes Hochhaus mit seinen bescheidenen 45 Metern längst unter Denkmalschutz genauso wie das Hypohaus. Und wer weiß, vielleicht wird man auch mal die umstrittenen Hochhäuser am Mittleren Ring als »willkommene Dominante im Stadtbild« sehen und weil sie so einmalig sind auch unter Denkmalschutz stellen.

Die größte Kunstausstellung der Welt 2009

In keiner Stadt der Welt liegen so viele Kunstschätze auf einem Platz versammelt wie in München. Auch wenn sich Berlin mit seiner Museumsinsel noch so in Szene setzt, die Maxvorstadt ist und bleibt die größte Kunstausstellung der Welt. Gegründet wurde sie von König Ludwig I., der nicht nur eine Heerschar lebender Künstler nach München lockte, sondern Kunstwerke aller Art sammelte, derer er habhaft werden konnte. Aber nicht um sich an ihnen in der Residenz zu berauschen, sondern um sie der Bevölkerung zugänglich zu machen, und dafür brauchte er Gebäude.

Das Münchner Kunst-Areal

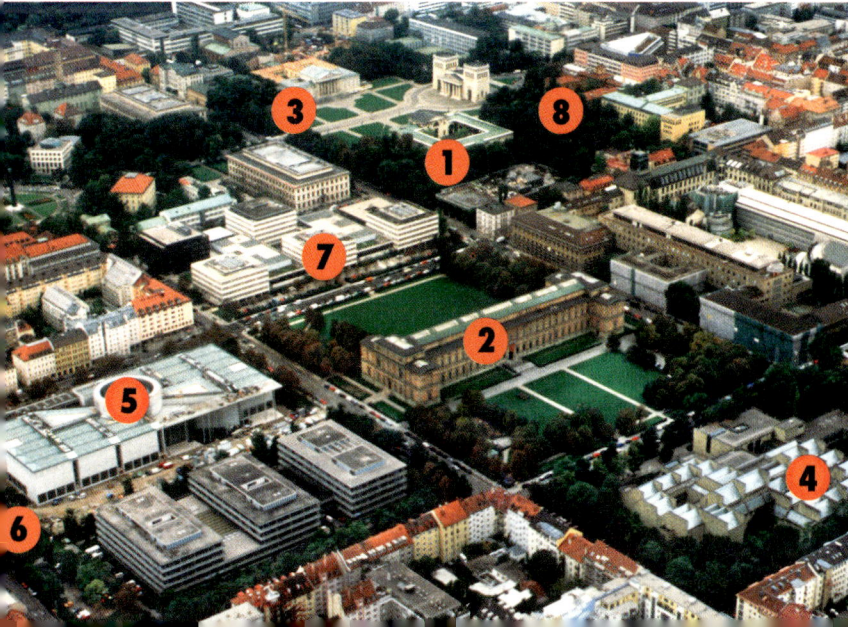

1815 ließ er die Glyptothek (1) für seine Skulpturen, Mosaike und Reliefe von archaischer Zeit 650 v. Chr. bis in die spätrömische Zeit 550 n. Chr. errichten.

1836 folgte in Sichtweite die Alte Pinakothek (2), in der er die bedeutendsten Gemälde vom 13. bis 18. Jahrhundert der Öffentlichkeit übergab.

Für seine riesige Sammlung altgriechischer Keramik und der Welt größte Sammlung griechischer Vasen baute er 1838 die Antikensammlung (3).

Für seine Privatsammlung zeitgenössischer Kunst ließ er 1853 gegenüber der Alten eine »Neue Pinakothek« (4) errichten, die im 2. Weltkrieg komplett zerstört wurde. Dass sie auch architektonisch als das Gegenstück zur Alten Pinakothek gedacht war, sehen wir auf dem Foto von Franz Hanfstaengl aus dem Jahr 1855 (siehe Seite 186).

Zu König Ludwigs Zeiten war sie nichts anderes als das, was heute schräg gegenüber steht: eine »Pinakothek der Moderne« (5).

Neu dazu kommt gerade unmittelbar daneben das Museum Brandhorst (6) mit Werken der Klassischen Moderne seit 1945 sowie der Neubau der Ägyptischen Staatssammlung (7).

Die »münchnerischste« Kunstsammlung steht natürlich auch inmitten der großen Pinakotheken: das Lenbachhaus (8). Die einstige Künstlervilla des »Malerfürsten« Franz von Lenbach beherbergt Werke aller Münchner Maler des 18. und 19. Jahrhunderts, einmalig in der Welt aber ist daürber hinaus die Sammlung von Bildern der Gruppe »Der Blaue Reiter« von Alexej Jawlensky, Wassily Kandinsky, Gabriele Münter, Franz Marc, August Macke, Marianne von Werefkin und Paul Klee.

Nachwort

»Denn ich bin in München verliebt!«

Liebeserklärungen ans Münchner Kindl

Was haben Papst Pius XII., Napoleon, Dieter Hildebrandt, Ernest Hemingway und Wolfgang Amadeus Mozart gemeinsam? Alle lebten gerne in München und schrieben Liebeserklärungen über München und die Münchner. »In München habe ich die glücklichsten Jahre meines Lebens verbracht«, schrieb Papst Pius XII., der als Eugenio Pacelli von 1917–25 als Nuntius in München lebte. »Bleibe in München, zerstreue Dich, das ist nicht schwer, wenn man so viele nette Menschen um sich hat, und das in einem so schönen Lande.« Napoleon hatte »so viele nette Menschen« selten erlebt, und da heißt es schon etwas, wenn er seiner Josephine 1806 empfiehlt, noch a bissl bei den netten Münchnern zu bleiben. Und überhaupt die Münchner: »Langsam begreife ich, was das denn ist, ein echter Münchner. Ein Glücksfall ist es, kein Zufall. Es ist Schicksal, Glück und eben doch Verdienst.« Wir sollten Dieter Hildebrandt mal fragen, wie er das gemeint hat ... Aber auch das könnte von ihm sein: »Es geht nichts über München! Sie waren nie dort? Fahren Sie gar nicht woanders hin ... es geht nichts über München! Alles andere in Deutschland ist Zeitverschwendung!«, schrieb Literaturnobelpreisträger Ernest Hemingway, und der kam wahrlich viel in der Welt herum! Mozart hat in München zwar keine guten Geschäfte gemacht, dafür hat er sich »an seinem Biere delektieret« und sich mit allen Münchnern »prima amusieret«, kurzum, es hat ihm trotzdem gefallen und seinem Vater geschrieben »hier bin ich gern!« Außerdem: »Es gibt nur zwei Städte, in denen man leben kann: Rom und München!«, schrieb der norwegische Schriftsteller Henrik Ibsen, was aber 300 Jahre vor ihm schon der Domprediger Nemesius Lucas festgestellt hat: »O adelige Stadt München, ich gedenke Dich in allen Begebenheiten zu preisen. Du bis das Deutsche Rom.« Anders ausgedrückt: »Paris ist eine Frau, München ist Bier. Nach meiner Meinung ist München besser!«, schrieb Leonid Pasternak und verschmähte weder das eine noch das andere. »Es ist nicht gut mich nach München zu fragen, denn ich bin in München verliebt, und Verliebte reden Torheit«, schrieb Werner Bergengruen, nur einer von vielen München-Fans wie zuletzt noch Eugen Roth, der wie immer recht hat: »Vom Ernst des Lebens halb verschont ist der schon, der in München wohnt!«

Prost Münchner Kindl!